Matemática para o Ensino Fundamental

Caderno de Atividades
9º ano
volume 3

2ª Edição

Manoel Benedito Rodrigues

Carlos Nely C. de Oliveira

Editora Policarpo

São Paulo
2023

Digitação, Diagramação : Sueli Cardoso dos Santos - suly.santos@gmail.com

Elizabeth Miranda da Silva - elizabeth.ms2015@gmail.com

Dados Internacionais de Catalogação, na Publicação (CIP)

(Câmara Brasileira do Livro, SP, Brasil)

Rodrigues, Manoel Benedito. Oliveira, Carlos Nely C. de.
Matemática / Manoel Benedito Rodrigues. Carlos Nely C. de Oliveira.
- São Paulo: Editora Policarpo, **2ª Ed. - 2023**
ISBN: 978-65-88667-23-1
1. Matemática 2. Ensino fundamental
I. Rodrigues, Manoel Benedito II. Título.

Índices para catálogo sistemático:

site: http://editorapolicarpo.com.br

Todos os direitos reservados à:

EDITORA POLICARPO LTDA

Rua: Dr. Rafael de Barros, 175 – Conj. 01

São Paulo – SP – CEP: 04003 – 041

Tels.: (11) 3288 – 0895 / (11) 3284 – 8916

e – mail: contato@editorapolicarpo.com.br

Índice

I EQUAÇÕES REDUTÍVEIS A DO 2º GRAU

Em um grande número de problemas, após os equacionamentos encontramos equações e sistemas de equações que não são do 2º grau, mas são redutíveis a elas.

Observar alguns exemplos que serão resolvidos posteriorrmente.

(I) Um colecionador ia distribuir 360 gibis em um número de pessoas, mas como 3 pessoas abriram mão de suas partes, isto acarretou um aumento de 20 gibis na parte que caberia a cada um. Quantas pessoas aceitaram os gibis?

Sendo n o número de pessoas que aceitaram os gibis, ao equacionarmos, obtemos:

$\dfrac{360}{n} - \dfrac{360}{n+3} = 20$ que é chamada equação fracionária

(II) Um barco, com velocidade própria de 18 km/h, parte de um ponto A localizado em um afluente do rio Itararé e desce 80 km até o ponto B onde este afluente desemboca no rio Itaré e, a seguir, sobe este até um ponto C.

Neste percurso ele gasta 18 horas e, no caminho de volta, gasta 15 horas. Determinar a distância que ele percorreu para ir de A até C se a velocidade das águas do rio Itararé é de 3 km/h.

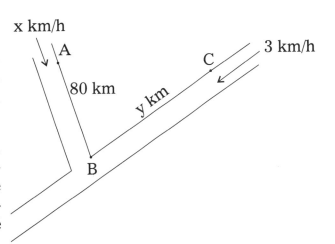

Ao equacionarmos obtemos:

$$\begin{cases} \dfrac{80}{18+x} + \dfrac{y}{15} = 18 \\[2mm] \dfrac{y}{21} + \dfrac{80}{18-x} = 15 \end{cases}$$ que é um sistema de equações fracionárias.

(III) Um triângulo isósceles de 32 cm de perímetro tem 48 cm^2 de área. Determinar os lados deste triângulo sabendo que a base deverá ser a maior possível.

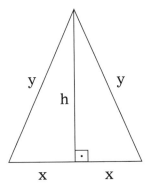

Ao equacionarmos obtemos:

$$\begin{cases} 2x + 2y = 32 \\[2mm] \dfrac{2x\,y}{2} = 48 \\[2mm] x^2 + h^2 = y^2 \end{cases}$$

Vamos estudar, então, estas equações redutíveis à equações do 2º grau

1 – Equações fracionárias

Exemplo:

$$\underbrace{\frac{x+3}{x^2-4}}_{(x+2)(x-2)} - \underbrace{\frac{2x-3}{x^2-2x-8}}_{(x-4)(x+2)} = \underbrace{\frac{x^2+3}{x^2-6x+8}}_{(x-4)(x-2)} - \underbrace{\frac{(5x+1)(x+1)+5}{x^3-4x^2-4x+16}}_{x^2(x-4)-4(x-4)}$$

$$(x-4)(x^2-4) = (x-4)(x+2)(x-2)$$

Fatoramos os denominadores, determinamos o mínimo múltiplo comum (mmc) dos denominadores e determinamos o domínio de validade D. Os números que anulam o mmc são os que anulam os denominadores e portanto não pertencem a D.

$$mmc = (x+2)(x-2)(x-4) \Rightarrow D = R - \{-2, 2, 4\}$$

Eliminamos os denominadores:

$$(x-4)(x+3) - (x-2)(2x-3) = (x+2)(x^2+3) - (5x+1)(x+1) - 5 \Rightarrow$$

$$x^2 - x - 12 - (2x^2 - 7x + 6) = x^3 + 2x^2 + 3x + 6 - (5x^2 + 6x + 1) - 5 \Rightarrow$$

$$x^2 - x - 12 - 2x^2 + 7x - 6 = x^3 + 2x^2 + 3x + 6 - 5x^2 - 6x - 1 - 5 \Rightarrow$$

$$-x^2 + 6x - 18 = x^3 - 3x^2 - 3x \Rightarrow$$

$$x^3 - 2x^2 - 9x + 18 = 0 \Rightarrow$$

$$x^2(x-2) - 9(x-2) = 0 \Rightarrow (x-2)(x^2-9) = 0 \Rightarrow (x-2)(x+3)(x-3) = 0 \Rightarrow$$

$$x = 2 \text{ ou } x = -3 \text{ ou } x = 3$$

Como $2 \notin D$, $-3 \in D$ e $3 \in D$, temos: $V = \{-3, 3\}$

---

1 Resolver as seguintes equações:

a) $\dfrac{2x-3}{x+1} = \dfrac{3x-2}{x-1} - \dfrac{12x+2}{x^2-1}$

b) $\dfrac{x^2-x+1}{x+5} - \dfrac{50-5x-4x^2}{x^2+5x} = \dfrac{x^2-7}{x}$

2 Resolver as seguintes equações:

a) $\dfrac{2x-1}{x+5} = \dfrac{x+4}{x-3} - \dfrac{27+3x-4x^2}{x^2+2x-15}$

b) $\dfrac{4x(8-3x)}{x^2-49} - \dfrac{x-1}{x+7} = \dfrac{x+5}{x-7}$

c) $\dfrac{3x-4}{x-4} = 2 - \dfrac{13-6x}{x^2-8x+16}$

d) $\dfrac{3x-1}{5x+2} - \dfrac{2x-3}{5x-2} = \dfrac{8x+12}{25x^2-4}$

3 Resolver as seguintes equações:

a) $\dfrac{2x-1}{3x+1} + \dfrac{x-3}{1-3x} = \dfrac{2+10x-3x^2}{9x^2-1}$

b) $\dfrac{2x-5}{x-3} - \dfrac{13-4x}{x^2-5x+6} = \dfrac{3x-4}{2-x}$

c) $\dfrac{x^2+10}{x^2-4} - \dfrac{x-1}{x+2} - \dfrac{x+1}{2-x} = 0$

d) $\dfrac{2x+3}{x+2} + \dfrac{11x+9}{x^2-9x-22} = \dfrac{1-x}{11-x}$

4 Resolver as seguintes equações:

a) $\dfrac{3x-2}{x} + \dfrac{27-12x}{4x-x^2} = \dfrac{2-x}{x-4}$

b) $\dfrac{x-1}{3-x} = \dfrac{10-4x}{x^2-9} - \dfrac{4x-1}{x+3}$

c) $\dfrac{10x^2+25}{x^2-5x+6} - \dfrac{2x-1}{x-3} + \dfrac{x+1}{2-x} = 2$

d) $\dfrac{-6x-8-5x^3}{x^3-8} = \dfrac{x^2-2x+4}{x^2+2x+4} + \dfrac{2x^2-3}{2-x} + 2x-3$

Resp: **1** a) $V = \{7\}$ b) $\left\{\dfrac{3}{2}, 5\right\}$ **2** a) $\left\{\dfrac{2}{3}\right\}$ b) $x^2 - 2x + 3 = 0$, $\Delta = -8 < 0$, a equação não tem raízes reais, $V = \varnothing$

c) $\{3+2\sqrt{3}, 3-2\sqrt{3}\}$ d) $\{2\}$

2 – Equações Biquadradas

São equações do tipo $ax^4 + bx^2 + c = 0$, com $a \neq 0$.

1º Tipo $ax^4 = 0$, com $a \neq 0$.

As quatro raízes são iguais a **zero**.

Exemplos: 1) $7x^4 = 0 \Rightarrow x = 0 \Rightarrow S = \{0\}$

2) $\left(\dfrac{\sqrt{3}-1}{\sqrt{2}} \right) x^4 = 0 \Rightarrow x = 0 \Rightarrow S = \{0\}$

2º Tipo $ax^4 + c = 0$, com $a \neq 0$ e $c \neq 0$.

Pode ter no máximo duas raízes reais que são simétricas (ou opostas).

Exemplos: 1) $2x^4 - 32 = 0 \Rightarrow x^4 = 16 \Rightarrow x = \pm\sqrt[4]{16} \Rightarrow x = \pm 2 \Rightarrow S = \{\pm 2\}$

2) $2x^4 + 32 = 0 \Rightarrow x^4 = -16 \Rightarrow x \notin R \Rightarrow S = \varnothing$

3) $7x^4 - 28 = 0 \Rightarrow x^4 = 4 \Rightarrow x = \pm\sqrt[4]{4} \Rightarrow x = \pm\sqrt{2} \Rightarrow S = \{\pm\sqrt{2}\}$

3º Tipo $ax^4 + bx^2 = 0$, com $a \neq 0$ e $b \neq 0$.

Tem duas raízes iguais a **zero** e pode ter outras duas raízes reais que são opostas.

Exemplos: 1) $7x^4 - 28x^2 = 0 \Rightarrow$

$x^4 - 4x^2 = 0 \Rightarrow$

$x^2(x^2 - 4) = 0 \Rightarrow$

$x^2 = 0$ ou $x^2 - 4 = 0$

$x = 0$ ou $x^2 = 4$

$x = 0$ ou $x = \pm 2 \Rightarrow S = \{-2, 0, 2\}$

2) $4x^4 + 48x^2 = 0$

$4x^2(x^2 + 12) = 0$

$x^2 = 0$ ou $x^2 + 12 = 0$

$x = 0$ ou $x^2 = -12$

$x = 0$ ou $x \notin R \quad S = \{0\}$

4º Tipo $ax^4 + bx^2 + c = 0$, com $a \neq 0$, $b \neq 0$, $c \neq 0$.

Pode ter no máximo quatro raízes reais (dois pares de opostas).

Exemplos:

1) $4x^4 - 5x^2 + 1 = 0$

$4(x^2)^2 - 5x^2 + 1 = 0$

$\Delta = 25 - 16 = 9$

$x^2 = \dfrac{5 \pm 3}{8}$

$x^2 = \dfrac{2}{8}$ ou $x^2 = \dfrac{8}{8}$

$x^2 = \dfrac{1}{4}$ ou $x^2 = 1$

$x = \pm\dfrac{1}{2}$ ou $x = \pm 1$

$S = \left\{ \pm\dfrac{1}{2}, \pm 1 \right\}$

2) $2x^4 - 7x^2 - 4 = 0$

$2(x^2)^2 - 7x^2 - 4 = 0$

$x^2 = y \Rightarrow$

$2y^2 - 7y - 4 = 0$

$\Delta = 49 + 32 = 81$

$y = \dfrac{7 \pm 9}{4} \Rightarrow$

$y = 4$ ou $y = -\dfrac{1}{2}$

$x^2 = 4$ ou $x^2 = -\dfrac{1}{2}$

$x = \pm 2$ ou $x \notin R$

$S = \{\pm 2\}$

3) $2x^4 + 9x^2 + 4 = 0$

$\Delta = 81 - 32 = 49$

$x^2 = \dfrac{-9 \pm 7}{4}$

$x^2 = \dfrac{-16}{4}$ ou $x^2 = \dfrac{-2}{4}$

$x^2 = -4$ ou $x^2 = -\dfrac{1}{2}$

$x \notin R$ ou $x \notin R$

$S = \varnothing$

5 Resolver as seguintes equações:

a) $x^4 = 0$

b) $7x^4 = 0$

c) $(\sqrt{3} - 1)x^4 = 0$

d) $9x^4 - 5x^4 = 0$

e) $5x^4 - 9x^4 = 0$

f) $6x^4 + 7x^2 = 7x^2 - 2x^4$

6 Resolver as seguintes equações:

a) $x^4 - 1 = 0$

b) $x^4 - 16 = 0$

c) $x^4 - 81 = 0$

d) $2x^4 - 2 = 0$

e) $x^4 + 1 = 0$

f) $2x^4 - 8 = 0$

g) $4x^4 + 64 = 0$

h) $3x^4 - 243 = 0$

i) $3x^4 + 21 = 0$

j) $3x^4 - 27 = 0$

k) $x^4 - 144 = 0$

l) $5x^4 - 125 = 0$

m) $7x^2 + 4x^4 - 326 = 7x^2 + 2x^4 + 322$

n) $2x^2(2x^2 - 5) - 25 = x^2(x^2 - 10) + 2$

7 Resolver as seguintes equações:

a) $3x^4 - 27x^2 = 0$

b) $2x^4 + 8x^2 = 0$

c) $5x^4 - 60x^2 = 0$

d) $6x^4 - 216x^2 = 0$

e) $24x^4 - 18x^2 = 0$

f) $35x^4 + 28x^2 = 0$

g) $8x^4 - 36x^2 = 0$

h) $6x^4 - 15x^2 = 0$

i) $(5x^2 - 2)(7x^2 - 3) = 3(2 - 5x^2)$

j) $(2x^2 - 4)(2x^2 - 25) = 50(2 + x^2)$

8 Resolver as seguintes equações:

a) $x^4 - 13x^2 + 36 = 0$

b) $36x^4 - 13x^2 + 1 = 0$

c) $2x^4 - x^2 - 28 = 0$

d) $4x^4 - 39x^2 + 27 = 0$

e) $81x^4 - 72x^2 + 16 = 0$

f) $9x^4 + x^2 - 8 = 0$

Resp: | **5** | a) $\{0\}$ b) $\{0\}$ c) $\{0\}$ d) $\{0\}$ e) $\{0\}$ f) $\{0\}$ | **6** | a) $\{\pm 1\}$ b) $\{\pm 2\}$ c) $\{\pm 3\}$ d) $\{\pm 1\}$ e) $\varnothing$ f) $\{\pm\sqrt{2}\}$

g) $\varnothing$ h) $\{\pm 3\}$ i) $\varnothing$ j) $\{\pm\sqrt{3}\}$ k) $\{\pm 2\sqrt{3}\}$ l) $\{\pm\sqrt{5}\}$ m) $\{\pm 3\sqrt{2}\}$ n) $\{\pm\sqrt{3}\}$

9

9 Resolver as seguintes equações:

a) $(3x^2 + 1)(3x^2 - 1) - 2(x^2 - 3)^2 + 25 = (2x^2 - 3)(3x^2 + 2) - 3x^2(x + 2\sqrt{3})(x - 2\sqrt{3})$

b) $(3x^2 - 1)^2 - (2x - 1)^2 - (2x + 1)(3x + 1) - (3x^2 - 1)(2x^2 - 1) = (x^2 - 8)^2 - x - 54$

c) $(2x - 1)^2 - (2x^2 - 3x - 1)^2 - 2(x + 2)(6x^2 - 5) = 2(16 - x^2 - 3x^4)$

3 – Equação do tipo $ax^{2n} + bx^n + c = 0$

Resolvemos esta equação do seguinte modo:

$$ax^{2n} + bx^n + c = 0 \Rightarrow a(x^n)^2 + b(x^n) + c = 0$$

Fazemos uma mudança de variável $x^n = y$ e obtemos

$ay^2 + by + c = 0$, que é uma equação do 2° grau em y.

(Esta mudança não é necessária. Observe o exemplo 3)

Determinamos y e em seguida x observando que $x^n = y$ implica que

$x = \pm \sqrt[n]{y}$, para n par e y maior ou igual a zero e $x = \sqrt[n]{y}$, para n ímpar e y qualquer real.

Exemplos:

1) $2x^8 + x^4 - 3 = 0$

$2(x^4)^2 + 1(x^4) - 3 = 0$

$x^4 = y \Rightarrow$

$2y^2 + 1y - 3 = 0$

$\Delta = 1 + 24 = 25$

$y = \dfrac{-1 \pm 5}{4} \Rightarrow$

$y = 1$ ou $y = -\dfrac{3}{2} \Rightarrow$

$x^2 = 1$ ou $x^2 = -\dfrac{3}{2}$

$x = \pm 1$ ou $x \notin R$

$S = \{\pm 1\}$

2) $3x^{12} + 2x^6 - 5 = 0$

$3(x^6)^2 + 2(x^6) - 5 = 0$

$x^6 = y \Rightarrow$

$3y^2 + 2y - 5 = 0$

$\Delta = 4 + 60 = 64$

$y = \dfrac{-2 \pm 8}{6} \Rightarrow$

$y = 1$ ou $y = -\dfrac{5}{3} \Rightarrow$

$x^6 = 1$ ou $x^6 = \dfrac{-5}{3}$

$x = \pm 1$ ou $x \notin R$

$S = \{\pm 1\}$

3) $2x^6 + 13x^3 - 24 = 0$

$2(x^3)^2 + 13(x^3) - 24 = 0$

$\Delta = 169 + 192 = 361$

$x^3 = -\dfrac{13 \pm 19}{4} \Rightarrow$

$x^3 = -8$ ou $x^3 = \dfrac{3}{2}$

$x = \sqrt[3]{-8}$ ou $x = \dfrac{\sqrt[3]{3}}{\sqrt[3]{2}}$

$x = -2$ ou

$x = \dfrac{\sqrt[3]{3}}{\sqrt[3]{2}} \cdot \dfrac{\sqrt[3]{4}}{\sqrt[3]{4}} = \dfrac{\sqrt[3]{12}}{\sqrt[3]{8}} = \dfrac{\sqrt[3]{12}}{2}$

$S = \left\{-2, \dfrac{\sqrt[3]{12}}{2}\right\}$

---

10 | Resolver as seguintes equações:

a) $x^4 - 16 = 0$

b) $x^5 - 243 = 0$

c) $x^4 + 81 = 0$

d) $x^8 - 1 = 0$

Resp: **7** a) $\{0, \pm 3\}$ b) $\{0\}$ c) $\{0, \pm 2\sqrt{3}\}$ d) $\{0, \pm 6\}$ e) $\left\{0, \pm \dfrac{\sqrt{3}}{2}\right\}$ f) $\{0\}$ g) $\left\{0, \pm \dfrac{3\sqrt{2}}{2}\right\}$ h) $\left\{0, \pm \dfrac{\sqrt{10}}{2}\right\}$ i) $\left\{0, \pm \dfrac{\sqrt{10}}{5}\right\}$

j) $\{0, \pm 3\sqrt{3}\}$ **8** a) $\{\pm 2, \pm 3\}$ b) $\left\{\pm \dfrac{1}{4}, \pm \dfrac{1}{3}\right\}$ c) $\{\pm 2\}$ d) $\left\{\pm 3, \pm \dfrac{\sqrt{3}}{2}\right\}$ e) $\left\{\pm \dfrac{2}{3}\right\}$ f) $\left\{\pm \dfrac{2\sqrt{2}}{3}\right\}$

11 Resolver as seguintes equações:

a) $2x^6 + 15x^3 - 8 = 0$

b) $2x^8 - 29x^4 - 48 = 0$

c) $3x^{12} - 22x^6 - 16 = 0$

d) $(3x^5 + 4)^2 - (2x^4 - 3)(2x^4 + 3) + x^5(4x^3 + 7x + 13) = 7(x^6 + 3)$

12

12 Resolver as seguintes equações:

a) $\dfrac{8x(x^3-1)-7x^2-5}{x^2+2x-8} - \dfrac{x(x-3)}{x-2} = \dfrac{4-x^2}{x+4}$

b) $\dfrac{8x^5-1}{x^2+2x+4} + \dfrac{2x^2(8x^3+19)+77x-29}{x^3-8} = \dfrac{19x}{x-2}$

4 – Equações Irracionais

São equações que têm, em um dos membros, expressão algébrica irracional (variável submetida a radical).

São equações como estas:

$$\sqrt{2x+1}+5=2x, \qquad \sqrt[3]{4x-5}=3, \qquad \sqrt[4]{2x+\sqrt{x-3}}=2$$

Para resolver equações como estas, em R, elevamos ambos os membros ao quadrado, ou ao cubo, ou a quarta potência, etc, conforme for o caso.

Quando elevarmos ambos os membros a um expoente ímpar, os números reais obtidos serão soluções da equação proposta. Mas quando elevarmos os membros a um expoente par, é necessário verificar se os números obtidos são, de fato, soluções da equação proposta, pois ao elevarmos a expoente par, membros de uma igualdade falsa, podemos obter uma sentença verdadeira. Observar:

$4=-4$ é falsa e $(4)^2=(-4)^2$ é verdadeira.

Exemplos:

1) $\sqrt[3]{4x-5}=3 \Rightarrow (\sqrt[3]{4x-5})^3=(3)^3 \Rightarrow 4x-5=27 \Rightarrow 4x=32 \Rightarrow x=8 \Rightarrow S=\{8\}$

---

2) $\sqrt{2x+1}+5=2x \Rightarrow$

$\sqrt{2x+1}=2x-5$

$(\sqrt{2x+1})^2=(2x-5)^2$

$2x+1=4x^2-20x+25$

$4x^2-22x+24=0$

$2x^2-11x+12=0$

$\Delta=121-96=25$

$x=\dfrac{11\pm5}{4} \Rightarrow x=4 \quad$ ou $\quad x=\dfrac{3}{2}$

Verificação:

I) $x=4 \Rightarrow \sqrt{2(4)+1}+5=2(4) \Rightarrow$

$\Rightarrow \sqrt{9}+5=8 \quad$ (verdade)

II) $x=\dfrac{3}{2} \Rightarrow \sqrt{2\left(\dfrac{3}{2}\right)+1}+5=2\left(\dfrac{3}{2}\right) \Rightarrow$

$\Rightarrow \sqrt{4}+5=3 \quad$ (falso). Então:

$S=\{4\}$

3) $\sqrt[4]{2x+\sqrt{x-3}}=2 \Rightarrow$

$(\sqrt[4]{2x+\sqrt{x-3}})^4=2^4$

$2x+\sqrt{x-3}=16$

$\sqrt{x-3}=16-2x$

$(\sqrt{x-3})^2=(16-2x)^2$

$x-3=256-64x+4x^2$

$4x^2-65x+259=0$

$\Delta=4225-4144=81$

$x=\dfrac{65\pm9}{8} \Rightarrow x=7 \quad$ ou $\quad x=\dfrac{37}{4}$

Verificação:

I) $x=7 \Rightarrow \sqrt[4]{2(7)+\sqrt{7-3}}=2 \Rightarrow$

$\Rightarrow \sqrt[4]{14+2}=2 \quad$ (verdade)

II) $x=\dfrac{37}{4} \Rightarrow \sqrt[4]{2\left(\dfrac{37}{4}\right)+\sqrt{\dfrac{37}{4}-3}}=2 \Rightarrow$

$\sqrt[4]{\dfrac{37}{2}+\sqrt{\dfrac{25}{4}}}=2 \Rightarrow \sqrt[4]{\dfrac{37}{2}+\dfrac{5}{2}}=2 \Rightarrow$

$\sqrt[4]{21}=2 \quad$ (falso). Então:

$S=\{7\}$

13 Resolver as seguintes equações irracionais:

a) $\sqrt[3]{2x^2 + 9} - 3 = 0$

b) $\sqrt[3]{3x^2 + 4x + 1} = 2$

c) $\sqrt{2x + 1} + 1 = x$

d) $\sqrt{2x + 1} + x = 1$

e) $\sqrt{2x - 1} + 2 = x$

f) $\sqrt{2x - 1} + x = 2$

Resp: **11** a) $\left\{-2, \frac{\sqrt[3]{4}}{2}\right\}$ b) $\{\pm 2\}$ c) $\{\pm \sqrt{2}\}$ d) $\left\{-\sqrt[5]{4}, -\frac{\sqrt[5]{27}}{3}\right\}$ **12** a) $S = \left\{\pm \frac{\sqrt{3}}{2}, \pm \frac{\sqrt{2}}{2}\right\}$ b) $\left\{-1, \frac{3}{2}\right\}$

14 Resolver as seguintes equações irracionais:

a) $\sqrt{x^2 - 16} + x - 8 = 0$

b) $(x^2 - 16)\sqrt{3x - 9} = 0$

c) $\sqrt{4x + 1} + 3 = 2x - 4$

d) $2\sqrt{3x - 5} + x = 7$

e) $\sqrt{3x + 4} = \sqrt{x + 2} + 2$

f) $\sqrt{3x + 1} - \sqrt{x - 1} = 2$

15 Resolver as seguintes equações:

a) $\sqrt{x^2 + 3x + 8} + 2 = 2x$

b) $\sqrt{7 + 3x + x^2} - \sqrt{x^2 + 7} = 1$

c) $\sqrt{x + 1} - \sqrt{9 - x} = \sqrt{2x - 12}$

d) $\sqrt{2x + 5} + \sqrt{5x + 6} = \sqrt{12x + 25}$

Resp: **13** a) $\{\pm 3\}$ b) $\left\{-\frac{7}{3}, 1\right\}$ c) $\{4\}$ d) $\{0\}$ e) $\{5\}$ f) $\{1\}$

17

16 Resolver as seguintes equações:

a) $\sqrt{2x + \sqrt{6x^2 + 1}} = x + 1$

b) $\sqrt{1 - \sqrt{x^4 - x^2}} = x - 1$

c) $\sqrt{x} - \sqrt{x+1} + \sqrt{x+9} - \sqrt{x+4} = 0$

d) $\sqrt{8-x} - \sqrt{9+5x} - \sqrt{4-5x} + \sqrt{5+x} = 0$

17 Resolver as equações:

a) $x^2 + 5x + 4 - 3\sqrt{x^2 + 5x + 2} = 6$

b) $\sqrt{x^2 - 3x + 5} + x^2 = 3x + 7$

Resp: | **14** | a) {5} | b) {3, 4} | c) {6} | d) {3} | e) {7} | f) {1,5} | **15** | a) {4} | b) {3} | c) {7, 8} | d) {2}

19

18 Resolver as equações:

a) $\dfrac{2}{2+\sqrt{4-x^2}} - \dfrac{1}{2-\sqrt{4-x^2}} = \dfrac{1}{x}$

b) $\sqrt{\dfrac{x-5}{x+2}} + \sqrt{\dfrac{x-4}{x+3}} = \dfrac{7}{x+2}\sqrt{\dfrac{x+2}{x+3}}$

II SISTEMAS DE GRAU MAIOR OU IGUAL A 2

É aquele em que pelo menos uma das equações tem grau maior ou igual a 2.

Exemplos: (O melhor método, nestes dois exemplos, é o da substituição).

1) $\begin{cases} 4x^2 - 2y^2 = -1 \\ 2x + y = 2 \quad \Rightarrow \mathbf{y = 2 - 2x} \end{cases}$

$4x^2 - 2(2 - 2x)^2 = -1 \Rightarrow$

$4x^2 - 2(4 - 8x + 4x^2) + 1 = 0 \Rightarrow$

$4x^2 - 8 + 16x - 8x^2 + 1 = 0 \Rightarrow$

$4x^2 - 16x + 7 = 0$

$\Delta = 256 - 112 = 144$

$x = \dfrac{16 \pm 12}{8} \Rightarrow x = \dfrac{7}{2} \text{ ou } x = \dfrac{1}{2}$

Como $y = 2 - 2x$, obtemos:

$\left[\begin{array}{l} \mathbf{x = \dfrac{7}{2}} \Rightarrow y = 2 - 2\left(\dfrac{7}{2}\right) \Rightarrow \mathbf{y = -5} \\ \mathbf{x = \dfrac{1}{2}} \Rightarrow y = 2 - 2\left(\dfrac{1}{2}\right) \Rightarrow \mathbf{y = 1} \end{array}\right.$

Então: $V = \left\{ \left(\dfrac{7}{2}, -5\right), \left(\dfrac{1}{2}, 1\right) \right\}$

2) $\begin{cases} x^3 - y^3 = 9 \\ x - y = 3 \quad \Rightarrow \mathbf{y = x - 3} \Rightarrow \end{cases}$

$x^3 - (x - 3)^3 = 9 \Rightarrow$

$x^3 - (x^3 - 3x^2 \cdot 3 + 3x \cdot 9 - 27) = 9 \Rightarrow$

$x^3 - x^3 + 9x^2 - 27x + 27 - 9 = 0 \Rightarrow$

$9x^2 - 27x + 18 = 0 \Rightarrow$

$x^2 - 3x + 2 = 0 \Rightarrow$

$(x - 1)(x - 2) = 0 \Rightarrow$

$\mathbf{x = 1 \text{ ou } x = 2}$

Como $y = x - 3$, obtemos:

$\left[\begin{array}{l} \mathbf{x = 1} \Rightarrow y = 1 - 3 \Rightarrow \mathbf{y = -2} \\ \mathbf{x = 2} \Rightarrow y = 2 - 3 \Rightarrow \mathbf{y = -1} \end{array}\right.$

Então: $S = \{(1, -2), (2, -1)\}$

19 Resolver os seguintes sistemas:

a) $\begin{cases} x^2 - 2y^2 = 1 \\ x - y = 1 \end{cases}$

b) $\begin{cases} x^2 - 2y^2 = 7 \\ x + y = 4 \end{cases}$

20 Resolver os seguintes sistemas:

a) $\begin{cases} x^2 + y^2 = 200 \\ y = 7x \end{cases}$

b) $\begin{cases} xy + 2x - 3y = 6 \\ x + y = 1 \end{cases}$

c) $\begin{cases} 2x^2 - 3y^2 = 29 \\ 2x - y = 7 \end{cases}$

d) $\begin{cases} x^2 - 3y^2 = 6 \\ x + 2y = 1 \end{cases}$

22

21 Resolver os seguintes sistemas:

a) $\begin{cases} x^2 + y^2 - 2x + y = 15 \\ x - 2y = 7 \end{cases}$

b) $\begin{cases} x^2 - y^2 - xy - 3x = -2 \\ 2x + y = 1 \end{cases}$ 3

c) $\begin{cases} x^2 - 3y^2 - xy - 2y = 7 \\ x + 2y + 1 = 0 \end{cases}$

d) $\begin{cases} 2x^2 + y^2 - xy + x = 3 \\ 2x - y = 1 \end{cases}$

Resp: **18** a) $\left\{ -\frac{8}{5}, 2 \right\}$ b) $\{6\}$ **19** a) $\{(1, 0), (3, 2)\}$ b) $\{(3, 1), (13, -9)\}$

22 Resolver os seguintes sistemas:

a) $\begin{cases} x^3 - y^3 = 91 \\ x - y = 1 \end{cases}$

b) $\begin{cases} 8x^3 - y^3 = 37 \\ 2x - y = 1 \end{cases}$

c) $\begin{cases} a^3 - b^3 = 111\sqrt{3} \\ \sqrt{3}\,a - \sqrt{3}\,b = 3 \end{cases}$

d) $\begin{cases} \sqrt{3}\,b\,(a + 2)^2 - \sqrt{3}\,ba^2 = 24 \\ \sqrt{3}\,b - 3a = 0 \end{cases}$

Exemplos: (Nestes dois é mais vantajoso o método adição)

1) $\begin{cases} 3x^2 + y^2 = 52 \\ 2x^2 - y^2 = -7 \end{cases}$

$\qquad 5x^2 = 45$

$x^2 = 9 \implies \mathbf{x = \pm\, 3}$

$\begin{cases} x = \pm\, 3 \\ 3x^2 + y^2 = 52 \end{cases} \quad \Rightarrow$

$3\,(\pm\, 3)^2 + y^2 = 52 \quad \Rightarrow$

$3\,(9) + y^2 = 52 \quad \Rightarrow y^2 = 25 \quad \Rightarrow \quad \mathbf{y = \pm\, 5}$

$\begin{bmatrix} \mathbf{x =\;\; 3} \; \Rightarrow \; \mathbf{y = \pm\, 5} \; \Rightarrow \; (3,5)\,,(3,-5) \\ \mathbf{x = -3} \; \Rightarrow \; \mathbf{y = \pm\, 5} \; \Rightarrow \; (-3,5)\,,(-3,-5) \end{bmatrix}$

$S = \{(3,5),\, (3,-5),\, (-3,5),\, (-3,-5)\}$

2) $\begin{cases} x^2 + xy = 3 \\ x^2 - 2xy = 21 \end{cases}$

$\begin{cases} 2x^2 + 2xy = 6 \\ x^2 - 2xy = 21 \end{cases}$

$3x^2 = 27 \;\Rightarrow\; x^2 = 9 \;\Rightarrow\; \mathbf{x = \pm\, 3}$

$\begin{cases} x = \pm\, 3 \\ x^2 + xy = 3 \end{cases} \quad \Rightarrow$

$\begin{bmatrix} \mathbf{x =\;\; 3} \; \Rightarrow \; 3^2 + 3y = 3 \Rightarrow \mathbf{y = -2} \; \Rightarrow \; (3,-2) \\ \mathbf{x = -3} \; \Rightarrow \; (-3)^2 - 3y = 3 \Rightarrow \mathbf{y = 2} \Rightarrow (-3,2) \end{bmatrix}$

$V = \{(3,-2)\,,\, (-3,2)\}$

---

23 Resolver os seguintes sistemas:

a) $\begin{cases} 2x^2 - 3y^2 = 5 \\ x^2 + y^2 = 5 \end{cases}$

b) $\begin{cases} x^2 + 2y^2 = 17 \\ 2x^2 - 3y^2 = 6 \end{cases}$

24 Resolver os seguintes sistemas:

a) $\begin{cases} x^2 - 2xy = 3 \\ 2x^2 + xy = 21 \end{cases}$

b) $\begin{cases} 2xy + y^2 = 8 \\ xy + 2y^2 = 10 \end{cases}$

c) $\begin{cases} x^2 - 2xy + x = 28 \\ x^2 - xy + 3x = 32 \end{cases}$

d) $\begin{cases} y^2 + xy - 4y = -2 \\ y^2 - 3xy + 3y = 4 \end{cases}$

25 Resolver os seguintes sistemas:

a) $\begin{cases} x^3 - 2y^3 = 43 \\ 2x^3 + y^3 = 46 \end{cases}$

b) $\begin{cases} 3x^4 + y^4 = 19 \\ x^4 + 2y^4 = 33 \end{cases}$

26 Resolver mentalmente os seguintes sistemas:

a) $\begin{cases} x + y = 7 \\ xy = 10 \end{cases}$

$\{(\quad , \quad),(\quad , \quad)\}$

b) $\begin{cases} xy = 15 \\ x + y = 8 \end{cases}$

c) $\begin{cases} xy = 8 \\ x + y = 9 \end{cases}$

d) $\begin{cases} x + y = -7 \\ xy = 10 \end{cases}$

e) $\begin{cases} x + y = -15 \\ xy = 36 \end{cases}$

f) $\begin{cases} xy = 36 \\ x + y = -13 \end{cases}$

g) $\begin{cases} xy = -15 \\ x + y = -2 \end{cases}$

h) $\begin{cases} x + y = -3 \\ xy = -18 \end{cases}$

i) $\begin{cases} x + y = -7 \\ xy = -8 \end{cases}$

j) $\begin{cases} x + y = 5 \\ xy = -14 \end{cases}$

k) $\begin{cases} xy = -36 \\ x + y = 9 \end{cases}$

l) $\begin{cases} x + y = 2 \\ xy = -24 \end{cases}$

Resp: **22** a) $\{(-5, -6), (6, 5)\}$ b) $\left\{(2,3),\left(-\dfrac{3}{2}, -4\right)\right\}$ c) $\{(-3\sqrt{3}, -4\sqrt{3}),(4\sqrt{3}, 3\sqrt{3})\}$ d) $\{(-2, -2\sqrt{3}),(1, \sqrt{3})\}$

23 a) $\{(2, 1), (2, -1), (-2, 1), (-2, -1)\}$ b) $\{(3, 2), (-3, 2), (3, -2), (-3, -2)\}$

27

27 Resolver os seguintes sistemas:

a) $\begin{cases} x + y = 5 \\ xy = 2 \end{cases}$

b) $\begin{cases} x + y = 10 \\ xy = 7 \end{cases}$

c) $\begin{cases} x + y = 3 \\ xy = 5 \end{cases}$

d) $\begin{cases} x + y = -5 \\ xy = 7 \end{cases}$

e) $\begin{cases} x + y = 6 \\ xy = 6 \end{cases}$

28 Resolver os seguintes sistemas:

a) $\begin{cases} x^2 - 3y^2 + z^2 = 10 \\ 2x - z = 1 \\ 3x - y = 7 \end{cases}$

b) $\begin{cases} x^2 + y^2 = 13 \\ x^2 + z^2 = 20 \\ y^2 + z^2 = 25 \end{cases}$

Em alguns exercícios ao invés de substituir uma incógnita em função de outra é preferível substituir uma expressão de duas variáveis, por outra de também duas variáveis. Este modo é equivalente, muitas vezes, a dividir uma equação pela outra.

Exemplos:

1) $\begin{cases} xy + y^2 = 360 \\ x^2 - y^2 = 180 \end{cases}$

1º modo

$xy + y^2 = 360 \Rightarrow x = \dfrac{360 - y^2}{y}$

Substituindo na outra:

$\left(\dfrac{360 - y^2}{y}\right)^2 - y^2 = 180$

$\dfrac{360^2 - 720y^2 + y^4}{y^2} - y^2 = 180$

$360^2 - 720y^2 + y^4 - y^4 = 180y^2$

$900y^2 = 360^2 \Rightarrow 30y = \pm 360 \Rightarrow \mathbf{y = \pm 12}$

$y = \pm 12$ e $x = \dfrac{360 - y^2}{y} \Rightarrow$

$\Rightarrow 12 \Rightarrow x = \dfrac{360 - (12)^2}{12} \Rightarrow x = \dfrac{360 - 144}{12} \Rightarrow$

$x = 18 \Rightarrow (18, 12)$

$y = 12 \Rightarrow x = \dfrac{360 - (-12)^2}{12} \Rightarrow x = \dfrac{360 - 144}{-12} \Rightarrow$

$x = -18 \Rightarrow (-18, -12)$

$V = \{(18, 12), (-18, -12)\}$

2º modo:

$\begin{cases} xy + y^2 = 360 \\ x^2 - y^2 = 180 \end{cases}$

$\begin{cases} y(x + y) = 360 \\ (x + y)(x - y) = 180 \end{cases}$

Dividindo membro a membro:

$\dfrac{y(x + y)}{(x + y)(x - y)} = \dfrac{360}{180} \Rightarrow \dfrac{y}{x - y} = 2 \Rightarrow$

$\Rightarrow 2x - 2y = y \Rightarrow \mathbf{x = \dfrac{3}{2}y}$

$x = \dfrac{3}{2}y$ e $x^2 - y^2 = 180 \Rightarrow$

$\left(\dfrac{3}{2}y\right)^2 - y^2 = 180 \Rightarrow \dfrac{9}{4}y^2 - y^2 = 180 \Rightarrow$

$9y^2 - 4y^2 = 180 \cdot 4 \Rightarrow 5y^2 = 180 \cdot 4 \Rightarrow$

$y^2 = 36 \cdot 4 \Rightarrow \mathbf{y = \pm 12}$

$y = \pm 12$ e $x = \dfrac{3}{2}y \Rightarrow$

$\begin{cases} y = 12 \Rightarrow x = \dfrac{3}{2}(12) \Rightarrow x = 18 \\ y = -12 \Rightarrow x = \dfrac{3}{2}(-12) \Rightarrow x = -18 \end{cases}$

$V = \{(18, 12), (-18, -12)\}$

Um outro exemplo:

$\begin{cases} xy - y^2 - 2x + 2y = 0 \\ 2x^2 - 3y = 9 \end{cases} \Rightarrow \begin{cases} y(x - y) - 2(x - y) = 0 \\ 2x^2 - 3y = 9 \end{cases} \Rightarrow \begin{cases} (x - y)(y - 2) = 0 \\ 2x^2 - 3y = 9 \end{cases}$

$\begin{cases} x - y = 0 \\ 2x^2 - 3y = 9 \end{cases}$ ou $\begin{cases} y - 2 = 0 \\ 2x^2 - 3y = 9 \end{cases}$

1) $\begin{cases} y = x \\ 2x^2 - 3y = 9 \Rightarrow 2x^2 - 3x - 9 = 0 \end{cases}$

$\Delta = 9 + 72 = 81 \Rightarrow x = \dfrac{3 \pm 9}{4} \Rightarrow x = 3$ ou $x = -\dfrac{3}{2} \Rightarrow (3, 3), \left(-\dfrac{3}{2}, -\dfrac{3}{2}\right)$

2) $\begin{cases} y = 2 \\ 2x^2 - 3y = 9 \end{cases} \Rightarrow 2x^2 - 3(2) = 9 \Rightarrow 2x^2 = 15 \Rightarrow x^2 = \dfrac{15}{2} \Rightarrow x = \pm\dfrac{\sqrt{30}}{2}$

$\Rightarrow \left(\dfrac{\sqrt{30}}{2}, 2\right), \left(-\dfrac{\sqrt{30}}{2}, 2\right)$

$V = \left\{(3, 3), \left(-\dfrac{3}{2}, -\dfrac{3}{2}\right), \left(\dfrac{\sqrt{30}}{2}, 2\right), \left(-\dfrac{\sqrt{30}}{2}, 2\right)\right\}$

29 Resolver os seguintes sistemas:

a) $\begin{cases} x^2 + xy = 28 \\ x^2 - y^2 = 7 \end{cases}$

b) $\begin{cases} x^2 - xy = 12 \\ x^2 - y^2 = 15 \end{cases}$

30 Resolver os seguintes sistemas:

a) $\begin{cases} x^2 - 2xy + y^2 = 9 \\ x^2 - y^2 = 21 \end{cases}$

b) $\begin{cases} x^2 + 2xy + y^2 = 4 \\ x^2 + xy = 10 \end{cases}$

31 Resolver os seguintes sistemas:

a) $\begin{cases} x^3 + y^3 = 7 \\ x^2 - xy + y^2 = 7 \end{cases}$

b) $\begin{cases} x^3 - y^3 = 35 \\ x^2 + xy + y^2 = 7 \end{cases}$

32 Resolver os seguintes sistemas:

a) $\begin{cases} x^2 - 2xy + y^2 = 1 \\ x^2 + 2x + 3y^2 = 11 \end{cases}$

b) $\begin{cases} x^2 - 3xy + 2y^2 = 0 \\ x^2 + x + y + y^2 = 8 \end{cases}$

33 Resolver os seguintes sistemas:

a) $\begin{cases} xy = 12 \\ x^2 + 2y^2 = 34 \end{cases}$

b) $\begin{cases} x^2 - 3xy + x = 21 \\ y^2 + xy - y = -1 \end{cases}$

Resp: **30** a) $\{(5, 2),(-5, -2)\}$ b) $\{(-5, 3), (5, -3)\}$ **31** a) $\{(2, -1), (-1, 2),$ b) $\{(3, -2), (2, -3)\}$

35

34 Resolver os seguintes sistemas:

a) $\begin{cases} 2xy - 3y = 6 \\ y^2 - 4xy = -20 \end{cases}$

b) $\begin{cases} y^2 - xy + 4x = 13 \\ x^2 - xy - 4y = 8 \end{cases}$

35 Resolver o seguinte sistema:

a) $\begin{cases} x^2 = 13x + 4y \\ y^2 = 4x + 13y \end{cases}$

Resp: **32** a) $\{(-1,-2),(1,2),(\sqrt{3}-1,\sqrt{3}),(-\sqrt{3}-1,-\sqrt{3}\}$ b) $\left\{\left(\dfrac{-1+\sqrt{17}}{2},\dfrac{-1+\sqrt{17}}{2}\right),\left(\dfrac{-1-\sqrt{17}}{2},\dfrac{-1-\sqrt{17}}{2}\right),(2,1),\left(-\dfrac{16}{5},-\dfrac{8}{5}\right)\right\}$

33 a) $\{(4,3),(-4,-3),(3\sqrt{2},2\sqrt{2}),(-3\sqrt{2},-2\sqrt{2})\}$ b) $\left\{\left(\dfrac{-7+\sqrt{7}}{2},\dfrac{3+\sqrt{7}}{2}\right),\left(\dfrac{-7-\sqrt{7}}{2},\dfrac{3-\sqrt{7}}{2}\right),(3,-1),\left(\dfrac{7}{2},-\dfrac{1}{2}\right)\right\}$

Resp: ![34] a) $\left\{(3,2),\left(\frac{9}{4},4\right)\right\}$ b) $\left\{\left(-\frac{36}{11},\frac{41}{11}\right),(4,1)\right\}$![35] a) $\{(0, 0), (17, 17), (-3, 12), (12, -3)\}$

38

Exercícios de revisão e exercícios para fixação

1 - Produtos Notáveis

Identidades que permitem escrever os resultados de algumas multiplicações, sem aplicar a propriedade distributiva:

- $(x + y)(x - y) = x^2 - y^2$
- $(x + y)^2 = x^2 + 2xy + y^2$; $(x - y)^2 = x^2 - 2xy + y^2$
- $(x + a)(x + b) = x^2 + (a + b)x + ab$
- $(x + y)(x^2 - xy + y^2) = x^3 + y^3$; $(x - y)(x^2 + xy + y^2) = x^3 - y^3$
- $(x + y + z)^2 = x^2 + y^2 + z^2 + 2xy + 2xz + 2yz$
- $(x + y)^3 = x^2 + 3x^2y + 3xy^2 + y^3$; $(x - y)^3 = x^3 - 3x^2y + 3xy^2 - y^3$

36 Escrever os resultados das seguintes multiplicações:

a) $(a + n)(a - n) =$

b) $(x - a)(x + a) =$

c) $(x + 7)(x - 7) =$

d) $(a - 9)(a + 9) =$

e) $(a + n)^2 =$

f) $(x - a)^2 =$

g) $(x + 5)^2 =$

h) $(a - 6)^2 =$

i) $(x + 4)(x + 5) =$

j) $(x + 7)(x - 3) =$

k) $(a - 6)(a - 5) =$

l) $(a - 7)(a + 5) =$

m) $(x - 6)(x + 7) =$

n) $(x + 8)(x - 9) =$

o) $(x + a)(x^2 - xa + a^2) =$

p) $(a - n)(a^2 + an + n^2) =$

q) $(x + 5)(x^2 - 5x + 25) =$

r) $(a - 4)(a^2 + 4a + 16) =$

s) $(x + a + n)^2 =$

t) $(x - y - n)^2 =$

u) $(x - y + 5)^2 =$

37 Determinar os produtos de:

a) $(2x - 3y + 2a)^2 =$

b) $(-3x - 2y + 7)^2 =$

c) $(x + a)^3 =$

d) $(a - n)^3 =$

e) $(x + 2)^3 =$

f) $(x - 4)^3 =$

g) $(2a - 3n)^3 =$

h) $(5x^2 - 3x + 4)^2 =$

i) $(-6a^6 - 3a^3 + 7)^2 =$

j) $(3x^3 - 4y^4)^3 =$

38 Simplificar as seguintes expressões:

a) $(2x + 5)(2x - 5) + (3x + 2)^2 + (5x - 3)^2 + (x + 5)(x + 4) =$

b) $(x - 5)(x - 4) + (x - 5)(x + 2) + (3x^2 - 4x - 2)^2 =$

40

39 Simplificar as seguintes expressões:

a) $2(2x-3)^2 - 3(3x+2)(3x-2) - 2(x-7)(x+5) + 3(x+4)(x-2) =$

b) $2(3x-2)^3 - 3(2x-5)^3 =$

40 O produto de dois binômios do primeiro grau em uma mesma variável tem dois termos semelhantes. Reduzindo estes termos semelhantes mentalmente, determinar os produtos de:

a) $(3x+2)(2x-5) =$

b) $(5x-2)(3x+4) =$

c) $(2a-5)(3a-7) =$

d) $(n-7)(5n+6) =$

e) $(7x-1)(4x+3) =$

f) $(3n+9)(6n-7) =$

41 Simplificar as seguintes expressões:

a) $2(3x-1)(4x-2) - 3(4x+2)(3x-2) + 2(2x-1)(3x-5) =$

b) $3(5x-4)(x+3) - 2(3x-4)(2x-7) + 3(2x-4)(x+3) - 31(x-4) =$

42 O produto de um trinômio do 2º grau por um binômio do 1º grau, ambos em uma mesma variável tem dois pares de termos semelhantes. Reduzindo, mentalmente, estes pares de termos semelhantes, determinar os produtos de:

a) $(2x^2 - 3x - 5)(3x - 4) =$

b) $(3x^2 - 7x + 3)(4x - 2) =$

c) $(6x - 5)(2x^2 - x - 3) =$

43 Simplificar as seguintes expressões:

a) $2(3x^2 - x + 5)(5x - 1) - 3(3x - 4)(2x^2 - 5x - 7) =$

b) $5(4x - 2)(2x^2 - 3x - 1) - 2(4x^2 - x - 1)(3x - 2) =$

---

2 – Fatoração

De acordo com as identidades de 1 a 8 dadas a seguir fatoramos as expressões dadas nos exercícios seguintes.

1) Fator comum em evidência: $ax + ay = a(x + y)$

2) Agrupamento: $ax + ay + bx + by =$
$$= a(x + y) + b(x + y) = (x + y)(a + b)$$

3) Diferença de quadrados: $x^2 - y^2 = (x + y)(x - y)$

4) Trinômio quadrado perfeito: $x^2 + 2xy + y^2 = (x + y)^2$; $x^2 - 2xy + y^2 = (x - y)^2$

5) Trinômio do 2º grau: $x^2 + (a + b)x + ab = (x + a)(x + b)$

6) Soma de cubos: $x^3 + y^3 = (x + y)(x^2 - xy + y^2)$

7) Diferença de cubos: $x^3 - y^3 = (x - y)(x^2 + xy + y^2)$

8) Polinômio cubo perfeito: $x^3 + 3x^2y + 3xy^2 + y^3 = (x + y)^3$
$$x^3 - 3x^2y + 3xy^2 - y^3 = (x - y)^3$$

44 Fatorar as seguintes expressões:

a) $nx + ny =$

b) $5x + 15y =$

c) $x^3 + 2x^2 =$

d) $4xy - 12yn =$

e) $16x^2 - 12xy =$

f) $24x^2y - 36xy^2 =$

g) $ab - a =$

h) $3x^2 + 6x^2y - 9x =$

i) $(a + b) x + (a + b) y =$

j) $(a + b)x + (a + b)^2 =$

k) $ax + bx + ay + by =$

l) $a^2 - ab + ax - bx =$

m) $ax - a^2 - bx + ab =$

n) $6ax - 4x^2 - 9ay + 6xy =$

45 Fatorar as expressões:

a) $x^2 - 9 =$

b) $25x^2 - 36y^2 =$

c) $4x^2 - 49 =$

d) $-64 + x^2 =$

e) $x^2 + 2ax + a^2 =$

f) $x^2 - 6xy + 9y^2 =$

g) $25x^2 + 10xy + y^2 =$

h) $36a^2 - 60a + 25 =$

i) $x^2 + 7x + 10 =$

j) $y^2 - 12y + 20 =$

k) $x^2 - 2x - 15 =$

l) $y^2 + 3y - 70 =$

m) $a^2 - a - 20 =$

n) $n^2 + n - 42 =$

46 Fatorar as seguintes expressões:

a) $x^3 + a^3 =$

b) $a^3 - n^3 =$

c) $x^3 + 8 =$

d) $27x^3 - 1 =$

e) $n^3 - 64 =$

f) $y^3 + 125 =$

g) $a^3 + 3a^2y + 3ay^2 + y^3 =$

h) $n^3 - 3n^2x + 3nx^2 - x^3 =$

i) $x^3 + 6x^2 + 12x + 8 =$

j) $8x^3 - 36x^2 + 54x - 27 =$

47 Fatorar:

Obs.: Quando houver fator comum para por em evidência, coloque - o, e em seguida verificar se dentro dos parênteses é possível continuar fatorando.

a) $x^3 - 4x =$

b) $8x^5 + 8x^4 + 2x^3 =$

c) $8a^4 - 24a^3b + 18a^2b^2 =$

d) $3x^3 + 21x^2 + 36x =$

e) $4x^4 - 20x^3 - 56x^2 =$

f) $5a^5 + 10a^4 - 240 =$

g) $x^4 - 16 =$

h) $81x^4 - 1 =$

i) $2x^5 + 128x^2 =$

j) $81a^5b - 24a^2b^4 =$

k) $2x^7y - 128xy^7 =$

48 Fatorar as expressões:

a) $3x^4 + 18x^3 + 36x^2 + 24x =$

b) $54a^4 - 54a^3 + 18a^2 - 2a =$

c) $2a^2x^2 - 4ax^2 + 2a^2xy - 4axy =$

d) $12abx^2 - 18b^2x^2 - 30abxy + 45b^2xy =$

e) $x^2 + 2ax + a^2 - y^2 + 2by - y^2 =$

49 Usando a propriedade: $a \cdot b = 0 \Rightarrow a = 0 \vee b = 0$, fatorando antes quando for necessário, resolver as seguintes equações:

Obs.: quando já estiver fatorado, escrever diretamente o conjunto solução.

a) $(x - 7)(x + 5) = 0$

b) $(x - 4)(x + 3)(x + 2) = 0$

c) $x(x - 3)(x + 9) = 0$

d) $(2x - 5)(3x - 2)x = 0$

e) $(2x - 6)(x + 3)(4x - 2) = 0$

f) $(3x + 7)(5x + 2) = 0$

g) $x^2 - 10x + 21 = 0$

h) $4x^2 - 25 = 0$

i) $x^2 - 3x - 70 = 0$

Resp: **42** a) $6x^3 - 17x^2 - 3x + 20$ b) $12x^3 - 34x^2 + 26 - 6$ c) $12x^3 - 16x^2 - 13x + 15$ **43** a) $12x^3 + 53x^2 + 55x - 94$

b) $16x^3 - 58x^2 + 12x + 6$ **44** a) $n(x + y)$ b) $5(x + 3y)$ c) $x^2(x + 2)$ d) $4y(x - 3n)$

e) $4x(4x - 3y)$ f) $12xy(2x - 3y)$ g) $a(b - 1)$ h) $3x(x + 2xy - 3)$ i) $(a + b)(x + y)$

j) $(a + b)(x + a + b)$ k) $(a + b)(x + y)$ l) $(a - b)(a + x)$ m) $(x - a)(a - b)$ n) $(3a - 2x)(2x - 3y)$

45 a) $(x + 3)(x - 3)$ b) $(5x + 6y)(5x - 6y)$ c) $(2x + 7)(2x - 7)$ d) $(x + 8)(x - 8)$ e) $(x + a)^2$ f) $(x - 3y)^2$

g) $(5x + y)^2$ h) $(6a - 5)^2$ i) $(x + 2)(x + 5)$ j) $(y - 2)(y - 10)$ k) $(x - 5)(x + 3)$

l) $(y + 10)(y - 7)$ m) $(a - 5)(a + 4)$ n) $(n + 7)(n - 6)$

45

50 Resolver as seguintes equações:

a) $x^2 + 4x - 12 = 0$

b) $x^2 - 4x - 28 = 0$

c) $x^2 + 4x - 32 = 0$

d) $9x^2 - 12x + 4 = 0$

e) $9x^2 - 16 = 0$

f) $25x^2 + 30x + 9 = 0$

g) $x^3 - 9x^2 + 27x - 27 = 0$

h) $8x^3 + 60x^2 + 150x + 125 = 0$

i) $x^3 - 5x^2 - 4x + 20 = 0$

j) $x^3 - 3x^2 - 9x + 27 = 0$

3 – Frações Algébricas

Na multiplicação de frações algébricas, fatoramos os numeradores e denominadores, primeiramente, para vermos se é possível simplificar (cortar os fatores comuns).

Exemplos: 1) $\dfrac{x^2 - 4}{4x^2 - 12x + 9} \cdot \dfrac{6x - 9}{2x - 4}$

$\dfrac{(x+2)(x-2)}{(2x-3)^2} \cdot \dfrac{3(2x-3)}{2(x-2)}$

$\dfrac{x+2}{2x-3} \cdot \dfrac{3}{2} = \dfrac{3x+6}{4x-6}$

2) $\dfrac{x^3 - y^3}{x^2 - 2xy + y^2} : \dfrac{x^2y + xy^2 + y^3}{x^2 + xy}$

$\dfrac{(x-y)(x^2 + xy + y^2)}{(x-y)^2} \cdot \dfrac{x(x+y)}{y(x^2 + xy + y^2)}$

$\dfrac{1}{x-y} \cdot \dfrac{x(x+y)}{y} = \dfrac{x^2 + xy}{xy - y^2}$

51 Simplicar as seguintes frações.

a) $\dfrac{6x^7y^2}{9x^5y^6} =$

b) $\dfrac{x^2 - 9}{3x - 9} =$

c) $\dfrac{4x + 6}{6x + 9} =$

46

52 Efetuar:

a) $\dfrac{x^2 - 25}{x^2 + 10x + 25} \cdot \dfrac{x^2 + 2x - 15}{x^2 - 5x} =$

b) $\dfrac{x^3 + 27}{x^2 - 4x - 21} \cdot \dfrac{2x - 14}{2x - 7} =$

c) $\dfrac{x^2 - 6x + 9}{2x - 12} : \dfrac{x^3 - 9x^2 + 27x - 27}{x^2 - 4x - 12} =$

d) $\dfrac{x^2 + x - 6}{x^2 + 8x + 15} \cdot \dfrac{x^2 + 6x - 16}{x^2 + 2x - 15} =$

Na adição e subtração de frações algébricas devemos determinar o mínimo múltiplo comum (mmc) dos denominadores, para reduzir as frações ao mesmo denominador

Exemplo: $\dfrac{x+1}{x-1} - \dfrac{x-1}{x+1} - \dfrac{4}{x^2-1} = x^2 - 1 = (x+1)(x-1) \Rightarrow mmc = (x+1)(x-1)$

$\dfrac{(x+1)^2 - (x-1)^2 - 4}{(x+1)(x-1)} = \dfrac{x^2 + 2x + 1 - x^2 + 2x - 1 - 4}{(x+1)(x-1)} = \dfrac{4x - 4}{(x+1)(x-1)} = \dfrac{4(x-1)}{(x+1)(x-1)} = \dfrac{4}{x+1}$

---

53 Simplificar as seguintes expressões:

a) $\dfrac{x+3}{x-2} - \dfrac{2x-3}{x+2} + \dfrac{2x^2 - 28}{x^2 - 4} =$

b) $\dfrac{4x^2 + 9}{x^2 - 3x - 18} - \dfrac{x+2}{2x+6} - \dfrac{3x-1}{x-6} =$

Resp: **46** a) $(x + a)(x^2 - ax + a^2)$ b) $(a - n)(a^2 + an + n^2)$ c) $(x + 2)(x^2 - 2x + 4)$ d) $(3x - 1)(9x^2 + 3x + 1)$
e) $(n + 4)(n^2 - 4n + 16)$ f) $(y + 5)(y^2 - 5y + 25)$ g) $(a + y)^3$ h) $(n - x)^3$ i) $(x + 2)^3$ j) $(2x - 3)^3$

47 a) $x(x +2)(x - 2)$ b) $2x^3(2x +1)^2$ c) $2a^2(2a - 3b)^2$ d) $3x(x +4)(x + 3)$ e) $4x^2(x - 7)(x + 2)$
f) $5a^3(a + 8)(a - 6)$ g) $(x^2 + 4)(x + 2)(x - 2)$ h) $(9x^2 + 1)(3x + 1)(3x - 1)$ i) $2x^2(x + 4)(x^2 - 4x + 16)$
j) $3a^2b(3a - 2b)(9a^2 + 6ab + 4b^2)$ k) $2xy(x +2y)(x^2 - 2xy + 4y^2)(x - 2y)(x^2 + 2xy + 4y^2)$

48 a) $3x(x + 2)^3$ b) $2a(3a - 1)^3$ c) $2ax(a - 2)(x + y)$ d) $3bx(2a - 3b)(2x - 5y)$ e) $(x + a + y - b)(x + a - y - b)$

49 a) $V = \{7, -5\}$ b) $S = \{4, -3, -2\}$ c) $S = \{0, 3, -9\}$ d) $V = \left\{\dfrac{5}{2}, \dfrac{2}{3}, 0\right\}$ e) $S = \left\{3, -3, \dfrac{1}{2}\right\}$ f) $S = \left\{-\dfrac{7}{3}, -\dfrac{2}{5}\right\}$

g) $\{3, 7\}$ h) $S = \left\{-\dfrac{5}{2}, \dfrac{5}{2}\right\}$ i) $\{10, -7\}$

47

54 Simplificar a expressões:

$$\frac{6(x^2-6)}{x^2-9}-\frac{2x+3}{x+3}+\frac{3x-2}{3-x}$$

4 – Equações fracionárias

Na resolução de equações fracionárias é necessário eliminar os valores encontrados que anulam algum denominador, isto é, os valores encontrados que vão para o conjunto - solução têm que estar no domínio de validade da equação.

Exemplo: $\dfrac{6x^2+2x-14}{x^2-1}-\dfrac{3x+4}{x+1}=\dfrac{2x-5}{x-1}$

$$x^2-1=(x+1)(x-1)\ \Rightarrow\ mmc=(x+1)(x-1)\ \Rightarrow D=R-\{1;-1\}$$

$$6x^2+2x-14-(x-1)(3x+4)=(x+1)(2x-5)\ \Rightarrow$$

$$6x^2+2x-14-(3x^2+x-4)=2x^2-3x-5\ \Rightarrow$$

$$x^2+4x-5=0\ \Rightarrow(x+5)(x-1)=0\ \Rightarrow\ x=-5\vee x=1$$

Como $1\notin D=\mathbb{R}-\{1;-1\}$, obtemos: $S=\{-5\}$

55 Resolver as seguintes equações:

a) $\dfrac{5x-1}{x-2}-\dfrac{4x+1}{x+2}=\dfrac{10+13x}{x^2-4}$

b) $\dfrac{2x-3}{x}-\dfrac{x-1}{2}=\dfrac{x-2}{4}$

56 Resolver as seguintes equações:

a) $\dfrac{3x+2}{x-2} - \dfrac{2x-1}{x+3} = \dfrac{21x}{x^2+x-6}$

b) $\dfrac{3x-1}{x+4} - \dfrac{4x+3}{3-x} = \dfrac{16x+155}{x^2+x-12}$

c) $\dfrac{x}{x^2-3x+2} - \dfrac{2x+3}{x^2+2x-3} = \dfrac{x+6}{2x^2+2x-12}$

Resp: **50**   a) $\{-6, 2\}$ b) $\{7, -3\}$ c) $\{-8, 4\}$ d) $\left\{\dfrac{2}{3}\right\}$ e) $\left\{-\dfrac{4}{3}, \dfrac{4}{3}\right\}$ f) $\left\{-\dfrac{3}{5}\right\}$ g) $\{3\}$ h) $\left\{-\dfrac{5}{3}\right\}$

   i) $\{5, -2, 2\}$ j) $\{3, -3\}$ **51**   a) $\dfrac{2x^2}{3y^4}$ b) $\dfrac{x+3}{3}$ c) $\dfrac{2}{3}$ **52**   a) $\dfrac{x-3}{x}$ b) $\dfrac{2x^2-6x+18}{2x-7}$

   c) $\dfrac{x+2}{2x-6}$ d) $\dfrac{x-3}{x+8}$ **53**   a) $\dfrac{x+14}{x-2}$ b) $\dfrac{x-6}{2x+6}$

5 – Produtos notáveis e fatoração em problemas

Sem determinar os números reais a, b, ..., determinar o que se pede.

Exemplo 1: Se $a + b = 27$ e $a^2 + b^2 = 405$, determinar $7ab$.

Resolução:

$a + b = 27 \Rightarrow (a + b)^2 = 27^2 \Rightarrow a^2 + 2ab + b^2 = 729 \Rightarrow 2ab + a^2 + b^2 = 729 \Rightarrow$
$\Rightarrow 2ab + 405 = 729 \Rightarrow 2ab = 324 \Rightarrow ab = 162 \Rightarrow 7ab = 7 \cdot (162) \Rightarrow 7ab = 1134$

Resposta: 1174

Exemplo 2: Se $a + b + c = 37$ e $a^2 + b^2 + c^2 = 891$, determinar $3ab + 3ac + 3bc$.

Resolução:

$a + b + c = 37 \Rightarrow (a + b + c)^2 = 37^2 \Rightarrow a^2 + b^2 + c^2 + 2ab + 2ac + 2bc + 1369 \Rightarrow$
$\Rightarrow 891 + 2(ab + ac + bc) = 1369 \Rightarrow 2(ab + ac + bc) = 478 \Rightarrow ab + ac + bc = 239$
$\Rightarrow 3(ab + ac + bc) = 3(239) \Rightarrow 3ab + 3ac + 3bc = 717$

Resposta: 717

Exemplo 3: Se $a + \dfrac{1}{a} = 17$, determinar $a^3 + \dfrac{1}{a^3}$

Resolução:

$a + \dfrac{1}{a} = 17 \Rightarrow \left(a + \dfrac{1}{a}\right)^3 = 17^3 \Rightarrow a^3 + 3a^2 \cdot \dfrac{1}{a} + 3a \cdot \dfrac{1}{a^2} + \dfrac{1}{a^3} = 4813 \Rightarrow$

$\Rightarrow a^3 + \dfrac{1}{a^3} + 3a + 3 \cdot \dfrac{1}{a} = 4813 \Rightarrow a^3 + \dfrac{1}{a^3} + 3\left(a + \dfrac{1}{a}\right) = 4813 \Rightarrow$

$\Rightarrow a^3 + \dfrac{1}{a^3} + 3(17) = 4813 \Rightarrow a^3 + \dfrac{1}{a^3} = 4813 - 51 \Rightarrow a^3 + \dfrac{1}{a^3} = 4762$

Resposta: 4762

---

57 Sem determinar x e y, determinar o que se pede, nos casos:

a) Se $x + y = 28$ e $xy = 98$, determinar $2x^2 + 2y^2$.

b) Se $x + \dfrac{1}{x} = 21$, determinar $x^2 + \dfrac{1}{x^2}$.

58 Sem determinar x, y, z, a e b, determinar o que se pede, nos casos:

a) Se $x + y + z = 10$ e $xy + yz + xz = 31$, determinar $x^2 + y^2 + z^2$.

b) Se $xy + xz + yz = 129$ e $x^2 + y^2 + x^2 = 142$, determinar $x + y + z$.

c) Se $a + b = 18$ e $a^2 - ab + b^2 = 93$, determinar $2a^3 + 2b^3$.

d) Se $a - b = 12$ e $a^3 - b^3 = 468$, determinar $3a^2 + 3ab + 3b^2$.

e) Se $a - b = 16$ e $a^2 - b^2 = 32$, determinar $a^3 + 3a^2b + 3ab^2 + b^3$.

59 Resolver:

a) Se $a + b = 3$ e $a^3 + b^3 = 387$, determinar ab.

b) Se $a + b = 3$ e $a^2b + ab^2 = -162$, determinar $a^3 + b^3$.

c) Se $x + \dfrac{1}{x} = n$, determinar $x^2 + \dfrac{1}{x^2}$.

d) Se $x^2 + \dfrac{1}{x^2} = 66$, determinar $x - \dfrac{1}{x}$.

e) Se x é positivo e $x^2 + \dfrac{1}{x^2} = 34$, determinar $x^3 + \dfrac{1}{x^3}$.

60 Em cada multiplicação dada a seguir há apenas um par de termos semelhantes. Fazendo a redução de semelhantes mentalmente, escreva o resultado da multiplicação:

a) $(3x - 5)(2x - 3) = 6x^2 - 19x + 15$

b) $(3x - 4)(2x - 3) =$

c) $(3x - 4)(5x + 2) =$

d) $(2x - 4)(3x + 5) =$

e) $(2x + 4)(3x + 1) =$

f) $(5x - 2)(2x + 7) =$

g) $(3x + 2)(-3x + 5) =$

h) $(-3x + 2)(-3x + 4) =$

i) $(5x - 2y)(3x + 5y) =$

j) $(-2x + y)(-4x + 3y) =$

61 Em cada multiplicação dada a seguir há apenas dois pares de termos semelhantes. Fazendo a redução destes pares mentalmente, escreva o resultado das multiplicações:

a) $(3x^2 + 2x + 3)(2x + 5) =$
  $= 6x^3 + 19x^2 + 16x + 15$

b) $(2x^2 + 4x + 3)(3x + 2)$

c) $(2x^2 + 3x + 2)(3x + 1)$

d) $(3x^2 - 2x - 3)(5x - 2)$

e) $(3x + 5)(3x^2 + 2x + 4)$

f) $(2x - 4)(3x^2 - 2x - 1)$

g) $(3x - 2y)(x^2 - 2xy + 3y^2)$

h) $(2x - 3y)(3x^2 - 4xy + y^2)$

62 Fazendo as multiplicações mentalmente, simplificar as expressões:

a) $(2x + 3)(3x + 1) + (4x - 2)(3x - 2) + (5x - 3)(4x - 3) + (-2x - 1)(4x - 3)$

b) $2(2x^2 - 3x - 3)(2x - 1) - 3(2x - 1)(5x^2 - x - 3) - 4(-3x^2 - 3x - 2)(2x - 3)$

63 Simplificar as seguintes expressões:

a) $2(3x - 2)(5x - 1) - (16x^3 - 4x^2) : (-4x) - 3(3x^2 - 2x - 1)(5x + 1) - (52x^4 - 26x^3) : (-13x) + 41x^3$

b) $-(42x^3 - 28x^2) : (-14x) - 2(2x^2 - 4x - 2)(3x - 1) - (-65x^5 - 39x^4 - 52x^3) : (-13x^2) + 17x^3$

64 Determinar os seguintes produtos:

a) $(5x^3 - 3x^2 - y)^2 =$

b) $(3x^2 - 5x - 2)^2 =$

c) $(4x^2 - 2x + 7)^2 =$

65 Determinar os seguintes produtos:

a) $(m + n)(m^2 - mn + n^2) =$

b) $(r - s)(r^2 + rs + s^2) =$

c) $(2x - 1)(4x^2 + 2x + 1) =$

d) $(a + 3)(a^2 - 3a + 9) =$

e) $(5x + 1)(1 - 5x + 25x^2) =$

f) $(7 - y)(y^2 + 7y + 49) =$

g) $(x - \sqrt[3]{7})(x^2 + \sqrt[3]{7}\,x + \sqrt[3]{49}) =$

h) $(5x + \sqrt[3]{9})(25x^2 - 5\sqrt[3]{9}\,x + 3\sqrt[3]{3}) =$

66 Simplificar as seguintes expressões:

a) $(x + y)(x^2 - xy + y^2) - (x - y)(x^2 + xy + y^2) - 2\,(2x - 3y)(4x^2 + 6xy + 9y^2) - 7(6y^3 - 5x^3)$

b) $2(2x^2 - 3x - 4)^2 - 3x(x + 2)(x^2 - 2x + 4) + 2x^2(2x - 3)(3x + 2) - 2x^3\,(8x - 17)$

c) $3(3x^2 + 2)(- x + 3) - 2(x - 1)(x^2 + x + 1) - 3\,(2x - 1)(4x^2 - 2x + 1) + 2x^2(18x - 25)$

67 Resolver as seguintes equações, em R:

a) $(2x - 3)(4x^2 + 6x + 9) - 2x\,(2x - 1)^2 - 3(x + 3)(x - 3) = (x + 4)(x - 7) - 9\,(x - 4) - 4x$

b) $(2x^2 + 3x - 4)^2 - 12\,(x - 1)(x^2 + x + 1) - (2x^2 + 3)^2 = (7 - 3x)(7 + 3x) - x\,(x + 30) - 45x$

c) $(2x + 3)(4x^2 - 6x + 9) - 2x\,(2x - 5)^2 = 2(x + 8)(x - 2) - (x + 6)(x - 6) + (3x + 1)(x + 3) - 7$

d) $4(x^2 - 3)(x^2 + 7) - (2x^2 - x + 4)^2 = 4(x - 3)(x^2 + 3x + 9) - (13x - 1)(x - 3) - 1$

68 Fatorar:

a) $x^2 - 7xy + 10y^2 =$

b) $x^2 - 5ax - 24a^2 =$

c) $y^2 - 2my - 24m^2 =$

d) $a^2 + 3ab - 28b^2 =$

e) $21y^2 + 10xy + x^2 =$

f) $15x^2 - 8xy + y^2 =$

g) $y^2 - 6xy - 27x^2 =$

h) $1 - 9x + 20x^2 =$

i) $1 - 5x - 24x^2 =$

j) $18x^2 - 11x + 1 =$

69 Fatorar:

a) $x^4 - 5x^2 + 4$

b) $x^4 - 5x^2 - 36$

c) $x^4 - 4x^2 + 3$

d) $x^4 - 3x^2 - 108$

e) $x^3 - 15x^2 - 16x$

f) $3x^5 - 36x^3 - 192x$

g) $3x^3y + 27x^2y^2 - 66xy^3$

h) $4x^6y + 12x^4y^3 - 16x^2y^5$

70 Fatorar as seguintes expressões:

a) $6ax + 3ay + 2bx + by$

b) $2ax - 4ay - 3bx + 6by$

c) $8x^2 - 4xy + 6ax - 3ay$

d) $3x^2y - 9xy^2 - 4ax + 12ay$

e) $a^2 + bx + ax + ab$

f) $x^2 - 14ay + 7xy - 2ax$

g) $6ax + 4bx - 9ay - 6by - 21a - 14b$

h) $6ax - 9bx - 12x - 4ay + 6by + 8y$

i) $18a^2x - 12a^2y - 27ax + 18ay$

j) $24x^4 - 36x^3 - 16x^3y + 24x^2y$

k) $12x^4 - 48x^2 - 9x^3y + 36xy$

l) $2x^3 - 3x^2y - 16x^2 + 24xy + 14x - 21y$

71 Fatorar as seguintes expressões:

a) $6x^5 + 48x^2y^3$

b) $108x^4y - 4xy^4$

c) $x^6 - y^6$

d) $x^6 + 16x^3y^3 + 64y^6$

e) $16x^4 - 18x$

f) $108x^4y + 256xy$

g) $x^4 - 3x^3y - 8xy^3 + 24y^4$

h) $x^5 - 4x^3 + x^2 - 4$

72 Simplificar as seguintes frações:

a) $\dfrac{x^2 - 7x + 10}{x^2 + 3x - 10} =$

b) $\dfrac{x^2 - x - 30}{4x^2 + 20x} =$

c) $\dfrac{x^2 - 2x - 15}{x^3 + 27} =$

d) $\dfrac{x^2 - 9xy - 36y^2}{x^2 + 6xy + 9y^2} =$

e) $\dfrac{x^3 - 8y^3}{x^2 + 10xy - 24y^2} =$

f) $\dfrac{12x^2 y + 8xy^2}{9x^2 + 12xy + 4y^2} =$

g) $\dfrac{2x^2 + 4ax + 3xy + 6ay}{x - 5ax - 14a^2} =$

h) $\dfrac{6x^2 - 4bx - 3ax + 2ab}{6xy \cdot 2ax - 3ay + a^2} =$

i) $\dfrac{2x^3 + 3x^2 + 8x + 12}{2x^3 + 3x^2 - 8x - 12} =$

73 Efetuar as seguintes multiplicações (simplificar antes, se possível):

a) $\dfrac{8x^3 - 27}{12x^2 - 8x} \cdot \dfrac{9x^2 - 12x + 4}{8x^3 + 12x^2 + 18x}$

b) $\dfrac{x^2 + xy - 6y^2}{x^2 + ax - 2xy - 2ay} \cdot \dfrac{3x^2 + 3ax}{x^2 + 6xy + 9y^2}$

c) $\dfrac{3x^2 + 3xy + 2ax + 2ay}{3x^2 - 9xy - 2ax + 6ay} \cdot \dfrac{x^2 + 4xy - 21y^2}{9x^2 + 12ax + 4a^2} \cdot \dfrac{4xy + 6ay}{4x^2 y + 28xy^2} \cdot \dfrac{18x^3 - 8a^2 x}{2x^2 + 2xy - 3ax - 3ay}$

74 Efetuar a divisão, nos casos:

a) $\dfrac{8a^3 - b^3}{16a^3 + 8a^2 b + 4ab^2} : \dfrac{4a^2 - b^2}{4a^2 + 4ab + b^2}$

b) $\dfrac{a^4 - b^2}{a^2 x + ab + a^3 + bx} : \dfrac{4a^3 b - 4ab^2}{x^2 - a^2}$

c) $\left(\dfrac{2x^2 - 2ax - x + a}{x^2 - 16a^2} : \dfrac{8x^3 + 1}{x^2 - 4ax - 32a^2} \right) : \left(\dfrac{4x^2 - 4x + 1}{2x^2 + 2ax - x - a} : \dfrac{2x^2 + x - 8ax - 4a}{x^2 - 7ax - 8a^2} \right)$

75 Efetuar as seguintes adições e subtrações:

a) $\dfrac{3x^2 + 2}{4x^2 + 4x + 1} + \dfrac{x^2 - 3}{4x^2 + 4x + 1}$

b) $\dfrac{4x^2}{x^2 - 9} - \dfrac{3(x+1)}{x+3}$

c) $\dfrac{3(x+1)}{x^2 + x - 2} - \dfrac{2(x+2)}{x^2 - 1} - \dfrac{x-1}{x^2 + 3x + 2}$

76 Simplificar as seguintes expressões:

a) $\dfrac{x-y}{x+y} + \dfrac{x+y}{x-y} - \dfrac{4xy}{x^2 - y^2}$

b) $\dfrac{x-1}{x+5} + \dfrac{x-3}{5-x} - \dfrac{5-x^2}{x^2 - 25}$

c) $\dfrac{2x-3}{x-3} + \dfrac{3-7x}{9-x^2} - \dfrac{x+7}{x+3}$

d) $\dfrac{x^2 + 3}{x+1} + \dfrac{x-2}{1-x} - \dfrac{x(3-x)}{x^2 - 1}$

e) $\dfrac{x^2 - 4x - 21}{x^2 - 5x - 14} + \dfrac{x^3 + 7x^2 + x + 7}{x^2 + 4x - 21} - \dfrac{5x^2 - 5x}{x^2 - x - 6} - \dfrac{x^4 + x^3 + 2x + 2}{x^4 - 3x^3 + 2x - 6}$

77 Simplificar as seguintes expressões:

a) $\left(\dfrac{2x-3}{x+3} + \dfrac{x-4}{x-5} + \dfrac{2x^3 + 20x + 6}{x^2 - 2x - 15} \right) \cdot \left(\dfrac{x+3}{2x+3} - \dfrac{15x^2 - 5x - 8}{4x^2 - 9} - \dfrac{3-x^2}{2x-3} \right)$

b) $\left(\dfrac{x+2}{x^2 - x - 2} - \dfrac{x+1}{x^2 - 4} + \dfrac{x-2}{x^2 + 3x + 2} \right) : \left(\dfrac{x^4 - 2}{x-2} + \dfrac{7x^2 - 8}{x+2} - \dfrac{4x^4 - 19x^2 - 23}{x^2 - 4} \right)$

78 Dada a expressão E na variável real x, determine o domínio de validade (D) de E nos casos:

a) $E = \dfrac{x+5}{x-2} + \dfrac{x-5}{x-1} + \dfrac{1}{x}$

b) $E = \dfrac{3x}{x+3} - \dfrac{x+2}{x^2 - 9} - \dfrac{x-4}{x-1}$

c) $E = \dfrac{x+2}{x^2 - x - 12} - \dfrac{x-7}{x^4 - 1} - \dfrac{2x+3}{x^3 - 27}$

d) $E = \left(\dfrac{x+3}{2x-1} - \dfrac{x-1}{3x+2} \right) : \dfrac{x^2 - 4}{x^2 + 2x - 15}$

79 Determinar o valor numérico da expressão E, nos casos:
(É conveniente, primeiramente, simplificar as expressões algébricas)

a) $E = \dfrac{2x-3}{x-7} - \dfrac{20x+14}{x^2 - 49} - \dfrac{3x+2}{x+7}$, para x = 43

b) $E = \left(\dfrac{x+2}{x-5} - \dfrac{x-2}{x+5} - \dfrac{x^2 + 45}{25 - x^2} \right) : \left(\dfrac{2x-1}{x-5} - \dfrac{x+5}{x+3} - \dfrac{4-6x}{x^2 - 2x - 15} \right)$, para $x = -\dfrac{17}{9}$

Resp: **59** a) 40   b) 513   c) $n^2 - 2$ d) 8 ou – 8   e) 180   **60** a) $6x^2 - 19x + 15$ b) $6x^2 - 17x + 12$ c) $15x^2 - 14x - 8$
d) $6x^2 - 2x - 20$ e) $6x^2 + 14x + 4$ f) $10x^2 + 31x - 14$ g) $-9x^2 + 9x + 10$ h) $9x^2 - 18x + 8$ i) $15x^2 + 19xy - 10y^2$
j) $8x^2 - 10xy + 3y^2$ **61** a) $6x^3 + 19x^2 + 16x + 15$ b) $6x^3 + 16x^2 + 17x + 6$ c) $6x^3 + 11x^2 + 9x + 2$
d) $15x^3 - 16x^2 - 11x + 6$ e) $9x^3 + 21x^2 + 22x + 20$ f) $6x^3 - 16x^2 + 6x + 4$ g) $3x^3 - 8x^2 y + 13xy^2 - 6y^3$
h) $6x^3 - 17x^2 y + 14xy^2 - 3y^3$ **62** a) $30x^2 - 28x + 19$ b) $2x^3 - 7x^2 - 11x - 27$ **63** a) $53x^2 - 6x + 7$
b) $28x^2 - 2x - 4$ **64** a) $25x^6 + 9x^4 + y^2 - 30x^5 - 10x^3 y + 6x^2 y$ b) $9x^4 - 30x^3 + 13x^2 + 20x + 4$
c) $16x^4 - 16x^3 + 60x^2 - 28x + 49$

55

80 Resolver, fatorando antes, as seguintes equações:

a) $x^2 - 8x + 15 = 0$

b) $x^2 + 13x + 36 = 0$

c) $x^2 - 5x - 36 = 0$

d) $x^2 + 7x - 44 = 0$

e) $1 + 9x + 14x^2 = 0$

f) $1 - 3x - 28x^2 = 0$

g) $2x^3 - 2x^2 - 24x = 0$

h) $3x^4 - 24x^3 + 21x^2 = 0$

i) $5x - 5x^2 - 100x^3 = 0$

j) $7x + 56x^2 - 455x^2 = 0$

81 Resolver as seguintes equações:

a) $x^4 - 4x^2 = 0$

b) $x^4 - 18x^2 + 81 = 0$

c) $x^4 + 4x^2 - 45 = 0$

d) $1 - 13x^2 + 36x^4 = 0$

e) $x^7 - 729x = 0$

f) $2x^7 + 14x^4 - 16x = 0$

g) $x^3 + 7x^2 - 9x - 63 = 0$

h) $x^5 + 2x^4 - 27x^2 - 54x = 0$

i) $x^5 + 3x^4 - 40x^3 - 8x^2 - 24x + 320 = 0$

j) $x^7 + 5x^6 - 9x^5 - 45x^4 + 8x^3 + 40x^2 - 72x - 360 = 0$

82 Resolver as seguintes equações:

a) $2(x - 4)(x - 2) - 3(x + 2)(x^2 - 2x + 4) = (2 + x)(2 - x)(4 + x^2) + 3(x - 3)(x - 5) - 3(x^3 + 11)$

b) $x^3(x^2 + 1)^2 + x^2(x + 2)(x^2 - 2x + 4) = 6x^2(x^2 + 2)(x^2 + 1) + 2x(x - 1)(x - 4) - 5x - 18$

c) $(2x^2 + 3x - 4)^2 + 2x^2(x - 3)(x^2 + 3x + 9) = x^2(11x - 5)(x + 1) - 2(x^2 - 89) - 213x$

83 Resolver as seguintes equações:

a) $\dfrac{x + 2}{x - 1} - \dfrac{x - 3}{x + 1} = \dfrac{2x^2 + 4x}{x^2 - 1}$

b) $\dfrac{2x + 1}{x + 2} = \dfrac{11x^2 + 16x}{x^2 - 4} + \dfrac{3x - 1}{2 - x}$

c) $3x = \dfrac{x - 10}{x + 5} + \dfrac{x + 7}{4 - x} + \dfrac{3x^3 - 20x}{x^2 + x - 20}$

84 Resolver as seguintes equações:

a) $\dfrac{15x - 1}{x - 3} + \dfrac{6x^3 - x - 23}{x^2 - 9} = \dfrac{2 - 15x}{x + 3}$

b) $\dfrac{3x - 1}{x - 1} - \dfrac{x - 4}{x + 4} - \dfrac{9x^2 - 14x + 8}{x^2 + 3x - 4} = 2$

85 Resolver as equações:

a) $\dfrac{4x^4 + 3x}{x^2 + 4x + 3} - \dfrac{12x^3 - 3}{x^2 - 1} - \dfrac{158x^2 - 433x + 305}{x^3 + 3x^2 - x - 3} = \dfrac{1 - 47x^2}{x^2 + 2x - 3}$

b) $\dfrac{57x^4 - 4x^3 + 5x^2 + 3x - 3}{x^4 - 16} - \dfrac{4x^5 + 1}{x^3 + 2x^2 + 4x + 8} = \dfrac{1 - 4x^5}{x^2 - 4} + \dfrac{27x^4 - 1}{x^3 - 2x^2 + 4x - 8}$

86 Resolver as seguintes equações:

a) $\dfrac{x^2 + 2}{x^2 + 1} = \dfrac{x^2 - 2}{1 - x^2} - \dfrac{4}{x^2 - 1}$

b) $\dfrac{1}{x^2} + \dfrac{1}{x^4} = 4\left(\dfrac{1 - x^4}{x^4} - \dfrac{3}{2x^2}\right)$

c) $\dfrac{6}{x^4 - 1} - \dfrac{2}{x^2 - 1} = 2 - \dfrac{x^2 + 4}{x^2 + 1}$

d) $\dfrac{6}{4x^4 - 1} + \dfrac{2}{1 - 2x^2} = 1 - \dfrac{3}{2x^2 + 1}$

e) $\dfrac{3x^2 - 1}{x^2 + 2} - \dfrac{18}{2 - x^2} = \dfrac{7x^4 - 28}{x^4 - 4} + \dfrac{7}{2 + x^2}$

87 Resolver:

a) $9\left(\dfrac{3x - 7}{4x - 6}\right)^4 - 37\left(\dfrac{3x - 7}{4x - 6}\right)^2 + 4 = 0$

b) $2(4x^2 - 6x - 1)^4 - 15(4x^2 - 6x - 1)^2 - 27 = 0$

88 Resolver as equações:

a) $\sqrt{x^2 + 2x + 13} - \sqrt{x^2 + 2x + 6} = 1$

b) $\sqrt{14 - x} = \sqrt{x - 4} + \sqrt{x - 1}$

c) $\sqrt{3y + 7} - \sqrt{y - 2} - \sqrt{y + 3} = 0$

89 Resolver as equações:

a) $\sqrt{x + 1} - 1 = \sqrt{x - \sqrt{x + 8}}$

b) $\sqrt{x - 25} + \sqrt{x + 2} - \sqrt{x - 9} = \sqrt{x - 18}$

c) $\sqrt[3]{15 + 2x} + \sqrt[3]{13 - 2x} = 4$

90 Resolver as equações:

a) $(x - 1)^{\frac{1}{2}} + 6(x - 1)^{\frac{1}{4}} = 16$

b) $2\sqrt[3]{z^2} - 3\sqrt[3]{z} = 20$

c) $x^2 + 11 + \sqrt{x^2 + 11} = 42$

56

91 Resolver as seguintes equações:

a) $\dfrac{x-1}{1+\sqrt{x}} = 4 - \dfrac{1-\sqrt{x}}{2}$

b) $\dfrac{3+x}{3x} = \sqrt{\dfrac{1}{9} + \dfrac{1}{x}} \sqrt{\dfrac{4}{9} + \dfrac{2}{x^2}}$

c) $\dfrac{4}{x + \sqrt{x^2 + x}} - \dfrac{1}{x - \sqrt{x^2 + x}} = \dfrac{3}{x}$

92 Resolver as quações:

a) $\dfrac{\sqrt{x^2 - 16}}{\sqrt{x-3}} + \sqrt{x+3} = \dfrac{7}{\sqrt{x-3}}$

b) $\dfrac{\sqrt{27+x} + \sqrt{27-x}}{\sqrt{27+x} - \sqrt{27-x}} = \dfrac{27}{x}$

c) $\sqrt{\dfrac{2x+2}{x+2}} - \sqrt{\dfrac{x+2}{2x+2}} = \dfrac{7}{12}$

93 Resolver os seguintes sistemas:

a) $\begin{cases} 2x - 3y = 7\sqrt{3} \\ 5x + 2y = 8\sqrt{3} \end{cases}$

b) $\begin{cases} 2\sqrt{3}\,x - 3y = 18 - 3\sqrt{3} \\ 3x - \sqrt{3}\,y = 9\sqrt{3} - 3 \end{cases}$

c) $\begin{cases} 3x - y = 6\sqrt{3} - 2 \\ x + 2y = 2\sqrt{3} + 4 \end{cases}$

94 Determinar os parâmetros **a** e **b** de modo que $(3, -4)$ seja solução do sistema nas variáveis **x** e **y** dado.

$\begin{cases} (a-1)\,x - (b-1)\,y = 4a + 1 \\ (2b-4)\,x + (a-b)\,y = 2b - 4 \end{cases}$

95 Determinar os valores reais das variáveis, nos casos:

Obs: Os radicandos em questão são tais que as raízes são números reais.

a) $(2x - 3y - 18)^2 + (3x + 2y - 1)^2 = 0$

b) $(a + b + 3)^2 + (a + c - 1)^2 + (b + c - 6)^2 = 0$

c) $\sqrt{4x + 3y - 6} + \sqrt{3x - y - 11} = 0$

d) $\sqrt[6]{3x - 4y - 8} = -\sqrt[8]{2x + 7y - 15}$

e) $(2x - 3y - z - 9)^2 + \sqrt{3x + 2y + z - 4} + (4x - y + 2z - 17)^4 = 0$

Resp: **65** a) $m^3 + n^3$ b) $r^3 - s^3$ c) $8x^3 - 1$ d) $a^3 + 27$ e) $125x^3 + 1$ f) $343 - y^3$ g) $x^3 - 7$ h) $125x^3 + 9$

66 a) $19x^3 + 14y^3$ b) $x^4 - 26x^2 + 24x + 32$ c) $x^3 + x^2 - 18x + 23$ **67** a) $\left\{-4, \dfrac{1}{2}\right\}$ b) $\left\{\dfrac{2}{3}, 5\right\}$

c) $\left\{\dfrac{1}{2}, \dfrac{3}{2}\right\}$ d) $\left\{\dfrac{4 - \sqrt{7}}{3}, \dfrac{4 + \sqrt{7}}{3}\right\}$ **68** a) $(x - 2y)(x - 5y)$ b) $(x - 8a)(x + 3a)$ c) $(y - 6m)(y + 4m)$

d) $(a + 7b)(a - 4b)$ e) $(x + 3y)(x + 7y)$ f) $(y - 3x)(y - 5x)$ g) $(y - 9x)(y + 3x)$ h) $(1 - 4x)(1 - 5x)$

i) $(1 - 8x)(1 + 3x)$ j) $(1 - 2x)(1 - 9x) = (2x - 1)(9x - 1)$ **69** a) $(x + 1)(x - 1)(x + 2)(x - 2)$

b) $(x^2 + 4)(x + 3)(x - 3)$ c) $(x + 1)(x - 1)(x + \sqrt{3})(x - \sqrt{3})$ d) $(x^2 + 9)(x + 2\sqrt{3})(x - 2\sqrt{3})$ e) $x(x - 16)(x + 1)$

f) $3x(x^2 + 4)(x + 4)(x - 4)$ g) $3xy(x - 2y)(x + 11y)$ h) $4x^2 y(x^2 + 4y^2)(x + y)(x - y)$ **70** a) $(2x + y)(3a + b)$

b) $(x - 2y)(2a - 3b)$ c) $(2x - y)(4x + 3a)$ d) $(x - 3y)(3xy - 4a)$ e) $(a + x)(a + b)$ f) $(x + 7y)(x - 2a)$

g) $(3a + 2b)(2x - 3y - 7)$ h) $(2a - 3b - 4)(3x - 2y)$ i) $3a(3x - 2y)(2a - 3)$ j) $4x^2(2x - 3)(3x - 2y)$ k) $3x(x + 2)(x - 2)(4x - 3y)$

l) $(2x - 3y)(x - 1)(x - 7)$ **71** a) $6x^2(x + 2y)(x^2 - 2xy + 4y^2)$ b) $4xy(3x - y)(9x^2 + 3xy + y^2)$

c) $(x + y)(x - y)(x^2 - xy + y^2)(x^2 + xy + y^2)$ d) $(x + 2y)^2(x^2 - 2xy + 4y^2)^2$ e) $2x(2x - \sqrt[3]{9})(4x^2 + 2\sqrt[3]{9}\,x + 3\sqrt[3]{3})$

f) $4xy(3x + 4)(9x^2 - 12x + 16)$ g) $(x - 3y)(x - 2y)(x^2 + 2xy + 4y^2)$ h) $(x + 1)(x + 2)(x - 2)(x^2 - x + 1)$

72 a) $\dfrac{x-5}{x+5}$ b) $\dfrac{x-6}{4x}$ c) $\dfrac{x-5}{x^2 - 3x + 9}$ d) $\dfrac{x - 12y}{x + 3y}$ e) $\dfrac{x^2 + 2xy + 4y^2}{x + 12y}$ f) $\dfrac{4xy}{3x + 2y}$ g) $\dfrac{2x + 3y}{x - 7a}$

h) $\dfrac{3x - 2b}{3y - a}$ i) $\dfrac{x^2 + 4}{x^2 - 4}$ **73** a) $\dfrac{6x^2 - 13x + 6}{8x^2}$ b) $\dfrac{3x}{x + 3y}$ g) $\dfrac{2x + 3a}{2x - 3a}$ **74** a) $\dfrac{2a + b}{4a}$ b) $\dfrac{x - a}{4ab}$

c) $\dfrac{x - a}{4x^2 - 2x + 1}$ **75** a) $\dfrac{2x - 1}{2x + 1}$ b) $\dfrac{x + 3}{x - 3}$ c) $\dfrac{-6}{(x+1)(x-1)(x+2)}$ ou $\dfrac{6}{(x+1)(1-x)(x+2)}$

76 a) $\dfrac{2(x - y)}{x + y}$ b) $\dfrac{x-3}{x+5}$ c) $\dfrac{x+3}{x-3}$ d) $\dfrac{x^2+1}{x+1}$ e) $\dfrac{x^2+3}{x+2}$ **77** a) $\dfrac{2x^4 + 8x^2 + 6}{2x^2 + 3x - 9}$ b) $\dfrac{1}{x^4 + x^3 + 5x + 5}$

78 a) $D = R - \{0, 1, 2\} = R^* - \{1, 2\}$ b) $D = R - \{-3, 1, 3\}$ c) $D = R - \{\pm 1, \pm 3, 4\}$

d) $D = R - \left\{\pm 2, \dfrac{1}{2}, -\dfrac{2}{3}, 3, -5\right\}$ **79** a) $-\dfrac{4}{5}$ b) 10

57

96 Resolver os sistemas:

a) $\begin{cases} 3x^2 - 2y^2 = 4 \\ x^2 + y^2 = 3 \end{cases}$

b) $\begin{cases} 2x^4 + 3y^4 = 56 \\ x^4 + 2y^4 = 36 \end{cases}$

c) $\begin{cases} 3x^3 + y^3 = -2 \\ x^3 - y^3 = 10 \end{cases}$

d) $\begin{cases} 4x^4 + y^4 = 8 \\ 5x^4 - y^4 = 1 \end{cases}$

97 Resolver:

a) $\begin{cases} x^3 - 2x^2y = 64 \\ x - 2y = 4 \end{cases}$

b) $\begin{cases} x^2y - y^3 = 6 \\ xy + y^2 = 6 \end{cases}$

c) $\begin{cases} x^4 - y^4 = 8 \\ x^2 - y^2 = 2 \end{cases}$

d) $\begin{cases} x^5 - xy^4 = 700 \\ x^3 - xy^2 = 100 \end{cases}$

98 Resolver:

a) $\begin{cases} x^3 + y^3 = 124 \\ x^2 - xy + y^2 = 31 \end{cases}$

b) $\begin{cases} x^3 - y^3 = 341 \\ x - y = 11 \end{cases}$

c) $\begin{cases} x^3 + x^2y + xy^2 + y^3 = 41 \\ x^2 + y^2 = 41 \end{cases}$

99 Resolver os seguintes sistema:

a) $\begin{cases} yz + 2xz - 6xy = 2xyz \\ 2yz - 3xz - 2xy = -12xyz \\ 3yz + 2xz - 4xy = xyz \end{cases}$

b) $\dfrac{xy}{x+y} = \dfrac{6}{5}$, $\dfrac{yz}{y+z} = \dfrac{12}{7}$, $\dfrac{xz}{x+z} = \dfrac{4}{3}$

c) $\dfrac{xy}{3x+2y} = -\dfrac{1}{2}$, $\dfrac{2xz}{3x+2z} = 1$, $\dfrac{3yz}{3y-2z} = 1$

d) $\begin{cases} \dfrac{36}{2x+3y-9} + \dfrac{72}{5x-2y+13} = 7 \\ \dfrac{2x+3y-9}{2} = \dfrac{5x-2y+13}{3} \end{cases}$

e) $\begin{cases} (2x-3y+6)(2x-5y-19) = 0 \\ (4x+y-16)(x-6y-6) = 0 \end{cases}$

Resp: **80** a) $\{3, 5\}$ b) $\{-9, -4\}$ c) $\{-4, 9\}$ d) $\{-11, 4\}$ e) $\left\{-\dfrac{1}{2}, -\dfrac{1}{7}\right\}$ f) $\left\{-\dfrac{1}{4}, \dfrac{1}{7}\right\}$ g) $\{-3, 0, 4\}$ h) $\{0, 1, 7\}$

i) $\left\{-\dfrac{1}{4}, 0, \dfrac{1}{5}\right\}$ j) $\left\{-\dfrac{1}{13}, 0, \dfrac{1}{5}\right\}$ **81** a) $\{0, \pm 2\}$ b) $\{\pm 3\}$ c) $\{\pm\sqrt{5}\}$ d) $\left\{\pm\dfrac{1}{2}, \pm\dfrac{1}{3}\right\}$ e) $\{0, \pm 3\}$

f) $\{-2, 0, 1\}$ g) $\{-7, \pm 3\}$ h) $\{-2, 0, 3\}$ i) $\{-8, 2, 5\}$ j) $\{-5, \pm 3\}$ **82** a) $\{-3, 2\}$ b) $\{6, \pm 1\}$ c) $\left\{\dfrac{3}{2}, 2, 3\right\}$

83 a) $\left\{\dfrac{1}{2}\right\}$ b) $\left\{-\dfrac{1}{3}\right\}$ c) $\left\{-\dfrac{1}{3}, 5\right\}$ **84** a) $\left\{-5, \pm\dfrac{\sqrt{6}}{3}\right\}$ b) $\left\{\dfrac{4\pm 2\sqrt{2}}{3}\right\}$ **85** a) $\left\{3, \dfrac{4\pm\sqrt{5}}{2}\right\}$ b) $\left\{\pm 1, \pm\dfrac{\sqrt{3}}{2}\right\}$

86 a) $\{0\}$ b) $\left\{\pm 1, \pm\dfrac{\sqrt{3}}{2}\right\}$ c) $\{\pm\sqrt{2}\}$ d) $\{\pm 1\}$ e) $\{\pm\sqrt{5}\}$ **87** a) $\left\{1, 3, \dfrac{19}{11}, \dfrac{27}{13}\right\}$ b) $\left\{-\dfrac{1}{2}, \dfrac{1}{2}, 1, 2\right\}$

88 a) $\{1; -3\}$ b) $\{5\}$ c) $\{6\}$ **89** a) $\{8\}$ b) $\{34\}$ c) $\{6; -7\}$ **90** a) $\{17\}$ b) $\left\{64, -\dfrac{125}{8}\right\}$ c) $\{\pm 5\}$

91 a) $\{81\}$ b) $\left\{\dfrac{3}{4}\right\}$ c) $\left\{-1, \dfrac{9}{16}\right\}$ **92** a) $\{5\}$ b) $\{\pm 27\}$ c) $\{7\}$ **93** a) $\{(2\sqrt{3}, -\sqrt{3}\}$ b) $\{(3\sqrt{3}, \sqrt{3})\}$

c) $\{(2\sqrt{3}, 2)\}$ **94** a) $a = 4$, $b = 3$ **95** a) $\{(3, -4)\}$ b) $\{(-4, 1, 5)\}$ c) $\{(3, -2)\}$ d) $\{(4, 1)\}$ e) $\{(2, -3, 4)\}$

96 a) $\{(\sqrt{2}, 1); (\sqrt{2}, -1); (-\sqrt{2}, 1); (-\sqrt{2}, -1)\}$ b) $\{(\sqrt{2}, 2); (\sqrt{2}, -2); (-\sqrt{2}, 2); (-\sqrt{2}, -2)\}$ c) $\{(\sqrt[3]{2}, -2)\}$

d) $\{(1, \sqrt{2}), (1, -\sqrt{2}), (-1, \sqrt{2}), (-1, -\sqrt{2})\}$ **97** a) $\{(4, 0); (-4, -4)\}$ b) $\left\{(-1, -2); \left(\dfrac{5}{2}, \dfrac{3}{2}\right)\right\}$

c) $\{(\sqrt{3}, 1)(\sqrt{3}, -1), (-\sqrt{3}, -1), (-\sqrt{3}, 1)\}$ d) $\{(4, 3); (4, -3)\}$ **98** a) $\{(5, -1), (-1, 5)\}$ b) $\{(5, -6), (6, -5)\}$

c) $\{(5, -4), (-4, 5)\}$ **99** a) $\left\{(0, 0, 0), \left(-1, \dfrac{1}{3}, 2\right)\right\}$ b) $\{(2, 3, 4)\}$ c) $\{(2, -1, 3)\}$ d) $\{(3, 5)\}$

e) $\left\{(3, 4), (-6, -2), \left(\dfrac{9}{2}, -2\right), (12, 1)\right\}$

III | RELAÇÕES MÉTRICAS NO TRIÂNGULO RETÂNGULO

1 – Dedução das Relações Métricas

1) Considere o triângulo ABC, retângulo em A, e seus ângulos agudos $\hat{B}$ e $\hat{C}$, como na figura ao lado.

Tem-se $\hat{A} + \hat{B} + \hat{C} = 180º \Rightarrow \hat{B} + \hat{C} = \mathbf{90º}$.

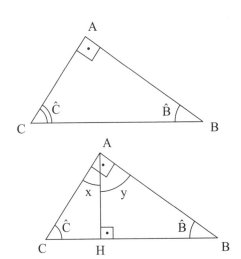

2) Seja $\overline{AH}$ a altura relativa à hipotenusa, que determina mais dois triângulos retângulos: ACH e ABH. Então:

No $\triangle ACH$: $x + 90º + \hat{C} = 180º \Rightarrow x + \hat{C} = 90º \Rightarrow \mathbf{x = \hat{B}}$

No vértice A: $x + y = 90º \Rightarrow \hat{B} + y = 90º \Rightarrow \mathbf{y = \hat{C}}$

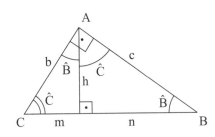

3) Como os três triângulos obtidos têm os ângulos iguais, eles são semelhantes, pelo critério ângulo-ângulo.

Então, tem-se:

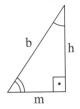 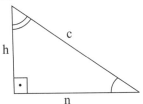

$$\Rightarrow \frac{b}{c} = \frac{h}{n} = \frac{m}{h} \Rightarrow \boxed{h^2 = m \cdot n}$$

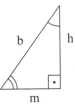 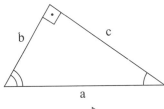

$$\Rightarrow \frac{b}{a} = \frac{h}{c} = \frac{m}{b} \Rightarrow \left\{ \boxed{b^2 = ma} \atop \boxed{bc = ah} \right. \text{ ou } \left. \boxed{b^2 = am} \atop \boxed{ah = bc} \right.$$

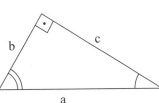 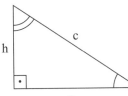

$$\Rightarrow \frac{a}{c} = \frac{b}{h} = \frac{c}{n} \Rightarrow \boxed{c^2 = na} \text{ ou } \boxed{c^2 = an}$$

Poderíamos ter deduzido várias outras relações, mas as que foram destacadas são as mais importantes.

Então, se num triângulo retângulo, a altura **h** relativa a hipotenusa é traçada, determinando as projeções **m** e **n** dos catetos **b** e **c**, respectivamente, tem-se:

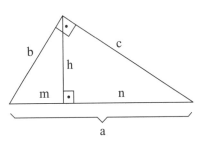

1) $\boxed{h^2 = m\,n}$ o quadrado da altura é igual ao produto das projeções

2) $\boxed{b^2 = m\,a}$ o quadrado de cada cateto é igual ao produto de sua projeção (sobre a hipotenusa) pela hipotenusa.

3) $\boxed{bc = a\,h}$ o produto dos catetos é igual ao produto da hipotenusa pela altura.

2 – Outra demonstração do Teorema de Pitágoras

Tomemos as relações $b^2 = m\,a$ e $c^2 = n\,a$. Somando-as membro a membro, obtém-se:

$$b^2 + c^2 = m\,a + n\,a$$

ou $\qquad b^2 + c^2 = a\,(m + n)$

$a^2 = b^2 + c^2$

isto é, $\qquad b^2 + c^2 = a \cdot a$, ou seja, $\boxed{a^2 = b^2 + c^2}$

Esta relação é conhecida como **Teorema de Pitágoras**.

Resumindo:

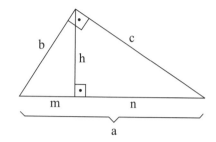

$\boxed{h^2 = m\,n}$ $\qquad$ $\boxed{b^2 = m\,a}$ $\qquad$ $\boxed{c^2 = n\,a}$ $\qquad$ $\boxed{bc = a\,h}$

$\boxed{a^2 = b^2 + c^2}$ $\qquad$ $\boxed{b^2 = h^2 + m^2}$ $\qquad$ $\boxed{c^2 = h^2 + n^2}$

3 – Aplicações do Teorema de Pitágoras

1) Diagonal de Quadrado

$\boxed{\text{A diagonal de um quadrado de lado a é igual a } \mathbf{a\sqrt{2}}.}$

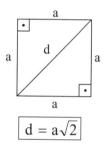

Demonstração: $d^2 = a^2 + a^2$

$$d^2 = 2a^2$$

$$\sqrt{d^2} = \sqrt{2a^2} \;\Rightarrow\; d = a\sqrt{2}$$

$\boxed{d = a\sqrt{2}}$

2) Altura de Triângulo Equilátero

A altura de um triângulo equilátero de lado a é igual a $\dfrac{a\sqrt{3}}{2}$.

Demonstração: como a altura do triângulo equilátero também é mediana, tem-se:

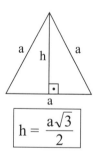

$\boxed{h = \dfrac{a\sqrt{3}}{2}}$

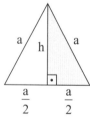

$$h^2 + \left(\frac{a}{2}\right)^2 = a^2 \;\Rightarrow\; h^2 + \frac{a^2}{4} = a^2 \;\Rightarrow\; 4h^2 + a^2 = 4a^2 \;\Rightarrow$$

$$\Rightarrow 4h^2 = 3a^2 \;\Rightarrow\; h^2 = \frac{3a^2}{4} \;\Rightarrow\; \boxed{h = \frac{a\sqrt{3}}{2}}$$

Exemplo 1: Determine as incógnitas da figura.

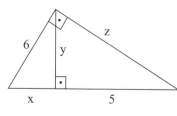

Resolução:

1) $6^2 = x\,(x + 5) \;\Rightarrow\; x^2 + 5x - 36 = 0$

$\qquad (x + 9)\,(x - 4) = 0 \;\Rightarrow\; \boxed{x = 4}$

2) $y^2 = x \cdot 5 \;\Rightarrow\; y^2 = 4 \cdot 5 \;\Rightarrow\; \boxed{y = 2\sqrt{5}}$

3) $z^2 = 5 \cdot (5 + x) \;\Rightarrow\; z^2 = 5 \cdot 9 \;\Rightarrow\; \boxed{z = 3\sqrt{5}}$

Resposta: $x = 4,\ y = 2\sqrt{5},\ z = 3\sqrt{5}$

Exemplo 2: Determinar x e y, nos casos:

a)

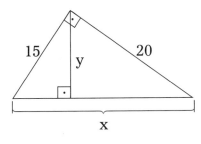

1) $x^2 = 15^2 + 20^2 \Rightarrow x^2 = 225 + 400$

   $x^2 = 625 \Rightarrow \boxed{x = 25}$

2) $x \cdot y = 15 \cdot 20 \Rightarrow$

   $25y = 15 \cdot 20 \Rightarrow 5y = 3 \cdot 20$

   $\Rightarrow y = 3 \cdot 4 \Rightarrow \boxed{y = 12}$

   Resp: $x = 25$ e $y = 12$

b)

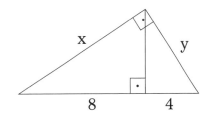

1) $x^2 = (12) \cdot 8$

   $x^2 = 3 \cdot 4 \cdot 2 \cdot 4$

   $\boxed{x = 4\sqrt{6}}$

2) $y^2 = 12 \cdot 4$

   $\Rightarrow y^2 = 3 \cdot 4 \cdot 4 \Rightarrow y = 4\sqrt{3}$

   Resp: $x = 4\sqrt{6}$ e $y = 4\sqrt{3}$

c)

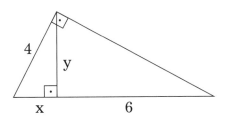

1) $4^2 = (x + 6) \cdot x$

   $x^2 + 6x - 16 = 0$

   $(x + 8)(x - 2) = 0$

   $\boxed{x = 2}$

2) $y^2 = x \cdot 6$

   $\Rightarrow y^2 = 2 \cdot 6 \Rightarrow y^2 = 12 \Rightarrow y = 2\sqrt{3}$

   Resp: $x = 2$ e $y = 2\sqrt{3}$

d)

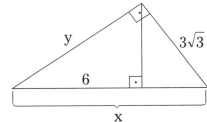

1) $(3\sqrt{3})^2 = x(x - 6) \Rightarrow$

   $27 = x^2 - 6x \Rightarrow$

   $x^2 - 6x - 27 = 0$

   $(x - 9)(x + 3) = 0 \Rightarrow \boxed{x = 9}$

2) $y^2 = x \cdot 6 \Rightarrow y^2 = 9 \cdot 6 \Rightarrow \boxed{y = 3\sqrt{6}}$

   Resp: $x = 9$ e $y = 3\sqrt{6}$

Exemplo 3: Determinar a diagonal do quadrado, nos casos:

a) O lado mede 5

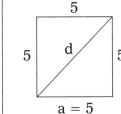

$a = 5$

$d = a\sqrt{2}$

$\boxed{d = 5\sqrt{2}}$

b) O lado mede $3\sqrt{6}$

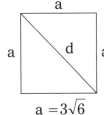

$a = 3\sqrt{6}$

$d = a\sqrt{2}$

$d = 3\sqrt{6} \cdot \sqrt{2} = 3\sqrt{12}$

$d = 3 \cdot 2\sqrt{3} \Rightarrow \boxed{d = 6\sqrt{3}}$

Exemplo 4: Determinar o lado do quadrado, nos casos:

a) A sua diagonal mede 6

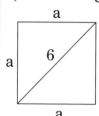

$$d = a\sqrt{2}$$
$$6 = a\sqrt{2} \Rightarrow a = \frac{6}{\sqrt{2}}$$
$$a = \frac{6\sqrt{2}}{\sqrt{2}\cdot\sqrt{2}} = \frac{6\sqrt{2}}{2} \Rightarrow \boxed{d = 3\sqrt{2}}$$

b) A sua diagonal mede $4\sqrt{6}$

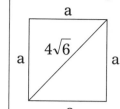

$$d = a\sqrt{2}$$
$$4\sqrt{6} = a\sqrt{2}$$
$$\boxed{a = 4\sqrt{3}}$$

Exemplo 5: Determinar o altura do triângulo equilátero, nos casos:

a) O lado mede 8

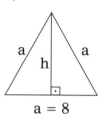

$$a = 8$$

$$h = \frac{a\sqrt{3}}{2}$$
$$h = \frac{8\sqrt{3}}{2}$$
$$\boxed{h = 4\sqrt{3}}$$

b) O lado mede $4\sqrt{6}$

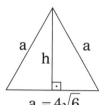

$$a = 4\sqrt{6}$$

$$h = \frac{a\sqrt{3}}{2}$$
$$h = \frac{4\sqrt{6}\cdot\sqrt{2}}{2} = 2\sqrt{12}$$
$$h = 2\cdot\sqrt{4\cdot 3} \Rightarrow \boxed{h = 4\sqrt{3}}$$

Exemplo 6: Determinar o lado de um triângulo equilátero, nos casos:

a) A altura mede $4\sqrt{3}$

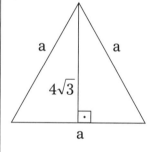

$$h = \frac{a\sqrt{3}}{2}$$
$$4\sqrt{3} = \frac{a\sqrt{3}}{2} \Rightarrow$$
$$\frac{a}{2} = 4 \Rightarrow \boxed{a = 8}$$

b) A altura mede $5\sqrt{6}$

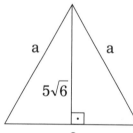

$$h = \frac{a\sqrt{3}}{2}$$
$$5\sqrt{6} = \frac{a\sqrt{3}}{2} \Rightarrow$$
$$a = \frac{10\sqrt{6}}{\sqrt{3}} \Rightarrow \boxed{a = 10\sqrt{2}}$$

---

100 Completar, sem ser com Pitágoras, de modo que as igualdades fiquem verdadeiras, nos casos:

a)

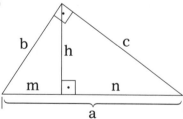

$$ah =$$
$$h^2 =$$
$$b^2 =$$
$$c^2 =$$

b)

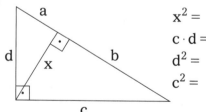

$$x^2 =$$
$$c\cdot d =$$
$$d^2 =$$
$$c^2 =$$

---

101 Determinar o valor de x, nos casos:

a)

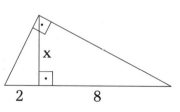

b)

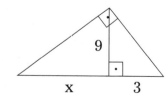

c)

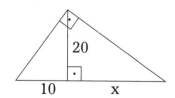

102 Determinar a incógnita, nos casos:

a)

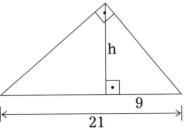

b)

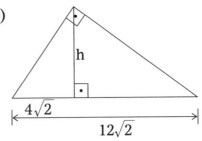

c)

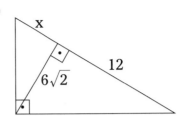

d)

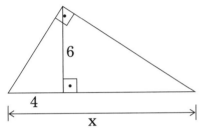

e)

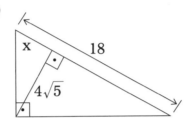

f)

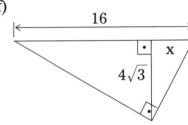

103 Determinar o valor de x, nos casos:

a)

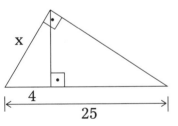

b)

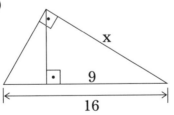

c)

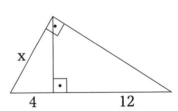

d)

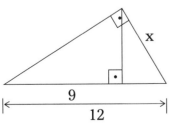

e)

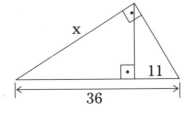

f)

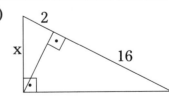

104 Determinar x, nos casos:

a)

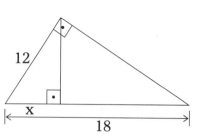

b)

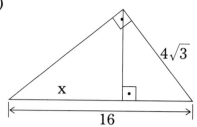

c)

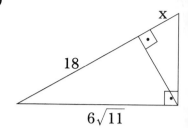

d)

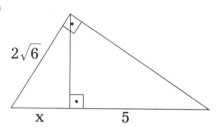

e)

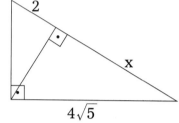

f)

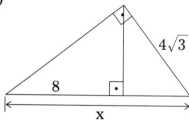

105 Determinar a altura relativa à hipotenusa do triângulo retângulo, nos casos:

a)

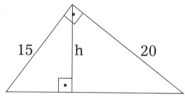

b)

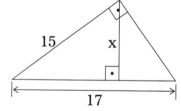

c)

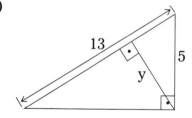

106 Determine as incógnitas em cada caso abaixo:

a)

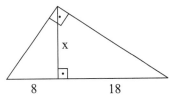

b)

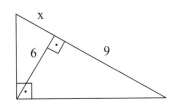

c)

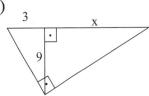

d)

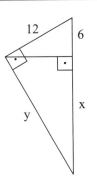

e)

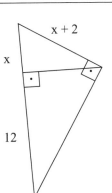

f)

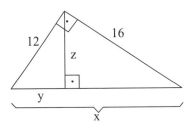

g)

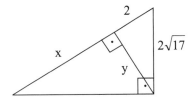

h)

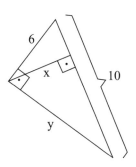

i)

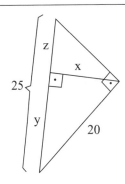

107 Determine o valor das incógnitas em cada caso:

a)

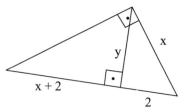

b)

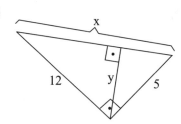

c)

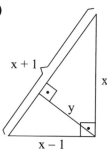

d)

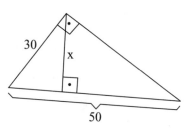

e)

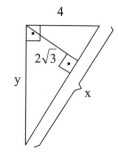

f)

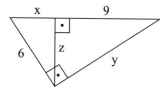

g)

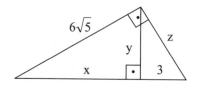

h)

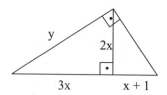

i)

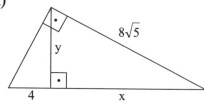

108 Determine a diagonal do quadrado, nos casos:

a) O lado mede 7

b) O lado mede $6\sqrt{10}$

109 Determinar o lado do quadrado, nos casos:

a) A diagonal mede $12\sqrt{2}$

b) A diagonal mede $5\sqrt{14}$

110 Determinar a altura do triângulo equilátero, nos casos:

a) O lado mede 10

b) O lado mede $6\sqrt{15}$

111 Determinar o lado do triângulo equilátero, nos casos:

a) A altura mede $12\sqrt{3}$

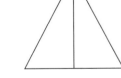

b) A altura mede 6

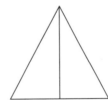

112 Determinar o lado de um quadrado, sabendo que a diferença entre a diagonal e o lado é 1

113 Determinar o lado de um triângulo equilátero, sabendo que a diferença entre o lado e a altura é 1.

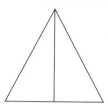

114 Determinar a razão entre:

a) O lado e a diagonal de um quadrado

b) A altura e o lado de um triângulo equilátero.

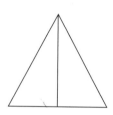

115 Observe o quadrado de lado **a** e diagonal **d**

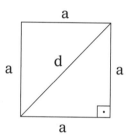

$\boxed{d = a\sqrt{2}}$ Dado o lado, para determinar a diagonal basta **multiplicá-lo** por $\sqrt{2}$

$d = a\sqrt{2} \Rightarrow \boxed{a = \dfrac{d}{\sqrt{2}}}$ Dada a diagonal, para determinar o lado basta **dividi-la** por $\sqrt{2}$

(I) Determinar a diagonal **d** do quadrado dado o lado **a**, nos casos:

a) $a = 5$	b) $a = 9$	c) $a = \sqrt{2}$
d) $a = \sqrt{10}$	e) $a = \sqrt{6}$	f) $a = 1$

(II) Determinar o lado **a** do quadrado dada a diagonal **d**, nos casos:

a) $d = 5\sqrt{2}$	b) $d = 7\sqrt{2}$	c) $d = \sqrt{2}$
d) $d = \sqrt{6}$	e) $d = \sqrt{20}$	f) $d = 2$
g) $d = 4$	h) $d = 10$	i) $d = 3$

116 Determinar os ângulos α e β nos casos:

a)

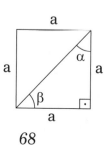

b)

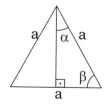

68

117 Como o triângulo retângulo isósceles é a metade de um quadrado, a hipotenusa é o cateto **multiplicado por** $\sqrt{2}$ e o cateto é a hipotenusa **dividido por** $\sqrt{2}$.

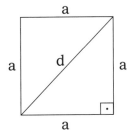 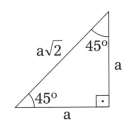 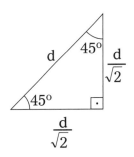

Determinar as incógnitas nos casos:

a)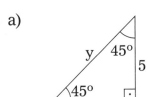

b)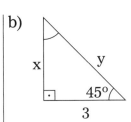

c)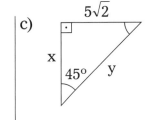

d)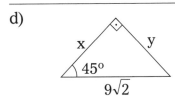

e)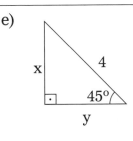

f)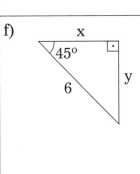

118 Vamos observar um triângulo retângulo com ângulos agudos de 30° e 60°.

Note que ele é a metade de um triângulo equilátero

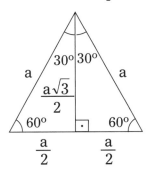 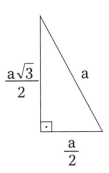

Fazendo

$\dfrac{a}{2} = b$

obtemos:

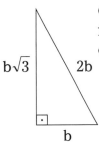

Observando esta última figura, determinar as incógnitas, nos casos:

a)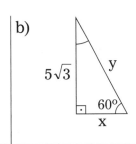

b)

Resp: **107** a) x = 4, y = 2√3   b) x = 13, y = $\frac{60}{13}$ c) x = 4, y = $\frac{12}{5}$ d) 24   e) x = 8, y = 4√3   f) x = 3, y = 6√3 ,z = 3√3

g) x = 12, y = 6, z = 3√5   h) x = 3, y = 3√13   i) x = 16, y = 8   **108** a) 7√2   b) 12√5   **109** a) 12   b) 5√7

110 a) 5√3   b) 9√5   **111** a) 24   b) 4√3   **112** √2 + 1

69

119 Determinar as incógnitas, nos casos:

a)

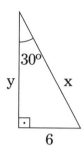

30°

y   x

6

b)

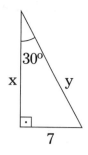

30°

x   y

7

c)

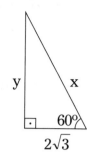

y   x

60°

$2\sqrt{3}$

d)

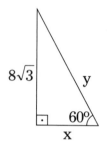

$8\sqrt{3}$ y

60°

x

e)

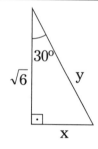

30°

$\sqrt{6}$ y

x

f)

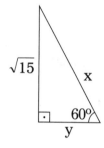

$\sqrt{15}$ x

60°

y

g)

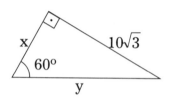

x $10\sqrt{3}$

60°

y

h)

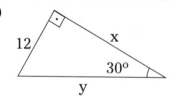

12   x

30°

y

i)

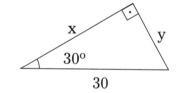

x   y

30°

30

j)

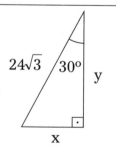

$24\sqrt{3}$ 30°   y

x

k)

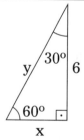

30°

y   6

60°

x

l)

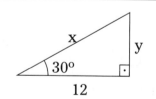

x   y

30°

12

m)

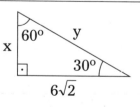

60°   y

x

30°

$6\sqrt{2}$

n)

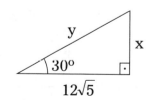

y   x

30°

$12\sqrt{5}$

o)

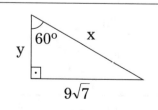

60°   x

y

$9\sqrt{7}$

70

IV TRIGONOMETRIA NO TRIÂNGULO RETÂNGULO

1 – Definições

Seja ABC um triângulo retângulo em A e α (alfa) um de seus ângulos agudos. Definem-se as seguintes razões:

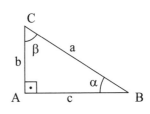

$$\text{seno de } \alpha = \text{sen } \alpha = \frac{\text{cateto oposto a } \alpha}{\text{hipotenusa}} = \frac{b}{a} \quad \text{ou} \quad \text{sen } \alpha = \frac{b}{a}$$

$$\cos\text{seno de } \alpha = \cos \alpha = \frac{\text{cateto adjacente a } \alpha}{\text{hipotenusa}} \quad \text{ou} \quad \cos \alpha = \frac{c}{a}$$

$$\tan\text{gente de } \alpha = \text{tg } \alpha = \frac{\text{cateto oposto a } \alpha}{\text{cateto adjacente a } \alpha} \quad \text{ou} \quad \text{tg } \alpha = \frac{b}{a}$$

De modo análogo, pode-se definir seno, cosseno e tangente de β.

$$\text{sen}\beta = \frac{c}{a}, \quad \cos \beta = \frac{b}{a}, \quad \text{tg}\beta = \frac{c}{b}$$

2 – Valores Notáveis

Lembrando que a diagonal de um quadrado de lado **a** vale $a\sqrt{2}$ e que a altura de um triângulo equilátero de lado **a** vale $\frac{a\sqrt{3}}{2}$, pode-se calcular os valores trigonométricos dos ângulos de 30º, 45º e 60º.

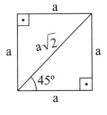 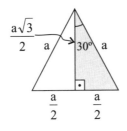 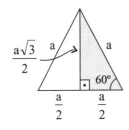

$$\text{sen } 45º = \frac{a}{2\sqrt{2}} = \frac{\sqrt{2}}{2}$$

$$\cos 40º = \frac{a}{a\sqrt{2}} = \frac{\sqrt{2}}{2}$$

$$\text{tg } 45º = \frac{a}{a} = 1$$

$$\text{sen } 30º = \frac{\frac{a}{2}}{a} = \frac{1}{2}$$

$$\cos 30º = \frac{\frac{a\sqrt{3}}{2}}{a} = \frac{\sqrt{3}}{2}$$

$$\text{tg } 30º = \frac{\frac{a}{2}}{\frac{a\sqrt{3}}{2}} = \frac{\sqrt{3}}{3}$$

$$\text{sen } 60º = \frac{\frac{a\sqrt{3}}{2}}{a} = \frac{\sqrt{3}}{2}$$

$$\cos 60º = \frac{\frac{a}{2}}{a} = \frac{1}{2}$$

$$\text{tg } 60º = \frac{\frac{a\sqrt{3}}{2}}{\frac{a}{2}} = \sqrt{3}$$

Observar:

$$\boxed{\text{sen } 30º = \cos 60º = \frac{1}{2}} \quad \boxed{\cos 30º = \text{sen } 60º = \frac{\sqrt{3}}{2}} \quad \boxed{\text{sen } 45º = \cos 45º = \frac{\sqrt{2}}{2}}$$

$$\boxed{\text{tg } 30º = \frac{\sqrt{3}}{3}} \quad \boxed{\text{tg } 45º = 1} \quad \boxed{\text{tg } 60º = \sqrt{3}}$$

Resp: **113** $2(\sqrt{3}+2)$ **114** a) $\frac{\sqrt{2}}{2}$ b) $\frac{\sqrt{3}}{2}$ **115** (I) a) $5\sqrt{2}$ b) $9\sqrt{2}$ c) 2 d) $2\sqrt{5}$ e) $2\sqrt{3}$ e) $\sqrt{2}$

(II) a) 5 b) 7 c) 1 d) $\sqrt{3}$ e) $\sqrt{10}$ f) $\sqrt{2}$ g) $2\sqrt{2}$ h) $5\sqrt{2}$ h) $\frac{3\sqrt{2}}{2}$ **116** a) $\alpha = \beta = 45º$

b) $\alpha = 30º$, $\beta = 60º$ **117** a) $x = 5$, $y = 5\sqrt{2}$ b) $x = 3$, $y = 3\sqrt{2}$ c) $x = 5\sqrt{2}$, $y = 10$ d) $x = y = 9$

e) $x = y = 2\sqrt{2}$ f) $x = y = 3\sqrt{2}$ **118** a) $x = 10 = y = 5\sqrt{3}$ b) $x = 5$, $y = 10$

Exemplo 1: Determine as incógnitas abaixo:

Resolução:

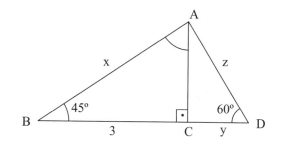

1) $\triangle ABC$: $\dfrac{3}{x} = \cos 45^\circ$

$\quad\quad \dfrac{3}{x} = \dfrac{\sqrt{2}}{2} \Rightarrow x = 3\sqrt{2}$

2) $\triangle ACD$: $\dfrac{AC}{3} = tg45^\circ \Rightarrow \dfrac{AC}{3} = 1 \Rightarrow$ **AC = 3**

3) $\triangle ACD$: $\dfrac{AC}{y} = tg60^\circ \Rightarrow \dfrac{3}{y} = \sqrt{3} \Rightarrow$ **y = $\sqrt{3}$**

4) $\triangle ACD$: $\dfrac{AC}{z} = sen60^\circ \Rightarrow \dfrac{3}{z} = \dfrac{\sqrt{3}}{2} \Rightarrow$ **z = $2\sqrt{3}$**

Resposta: x = $3\sqrt{2}$, y = $\sqrt{3}$, z = $2\sqrt{3}$

Exemplo 2: ABCD é trapézio. Calcule x e y.

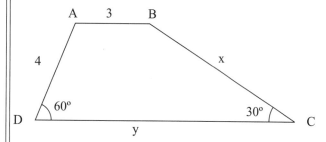

Resolução:

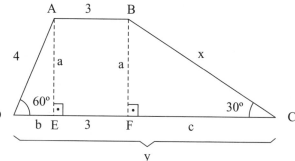

1) $\triangle$**ADE**: $\dfrac{a}{4} = sen\ 60^\circ \Rightarrow \dfrac{a}{4} = \dfrac{\sqrt{3}}{2} \Rightarrow$ **a = $2\sqrt{3}$**

$\quad\quad \dfrac{b}{4} = \cos 60^\circ \Rightarrow \dfrac{b}{4} = \dfrac{1}{2} \Rightarrow$ **b = 2**

2) $\triangle BCF$: $\dfrac{a}{c} = tg30^\circ \Rightarrow \dfrac{2\sqrt{3}}{c} = \dfrac{\sqrt{3}}{3} \Rightarrow$ **c = 6**

$\quad\quad \dfrac{a}{x} = sen30^\circ \Rightarrow \dfrac{2\sqrt{3}}{x} = \dfrac{1}{2} \Rightarrow \boxed{\mathbf{x = 4\sqrt{3}}}$

3) $y = b + 3 + c \Rightarrow y = 2 + 3 + 6 \Rightarrow \boxed{y = 11}$

Resposta: x = $4\sqrt{3}$, y = 11

120 Determine seno, cosseno e tangente de α nos casos:

a)
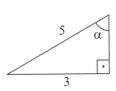

b)
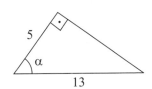

c)
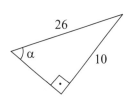

d)
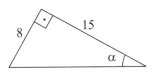

e)
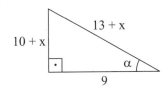

f)
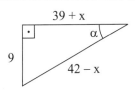

121 Sabendo que sen $\alpha = \dfrac{3}{4}$, calcule **x** nos casos:

a)

b)
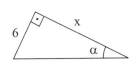

c)
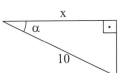

Resp: **119** a) $x = 12$, $y = 6\sqrt{3}$ b) $x = 7\sqrt{3}$, $y = 14$ c) $x = 4\sqrt{3}$, $y = 6$ d) $x = 8$, $y = 16$ e) $x = \sqrt{2}$, $y = 2\sqrt{2}$

f) $y = \sqrt{5}$, $x = 2\sqrt{5}$ g) $x = 10$, $y = 20$ h) $x = 12\sqrt{3}$, $y = 24$ i) $y = 15$, $x = 15\sqrt{3}$ j) $x = 12\sqrt{3}$, $y = 36$

k) $x = 2\sqrt{3}$, $y = 4\sqrt{3}$ l) $y = 4\sqrt{3}$, $x = 8\sqrt{3}$ m) $x = 2\sqrt{6}$, $y = 4\sqrt{6}$

n) $x = 4\sqrt{15}$, $y = 8\sqrt{15}$ o) $y = 3\sqrt{21}$, $x = 6\sqrt{21}$

122 Sabendo que $\cos \alpha = \dfrac{5}{6}$, calcule **x** nos casos:

a)

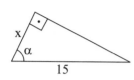

b)

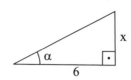

c)

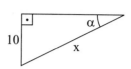

123 Sabendo que $\text{tg}\,\alpha = \dfrac{7}{4}$, determine **x** nos casos:

a)

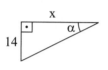

b)

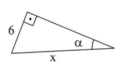

c)

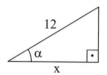

124 Determine o valor das variáveis nos casos abaixo:

a)

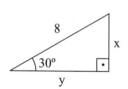

b)

c)

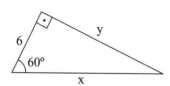

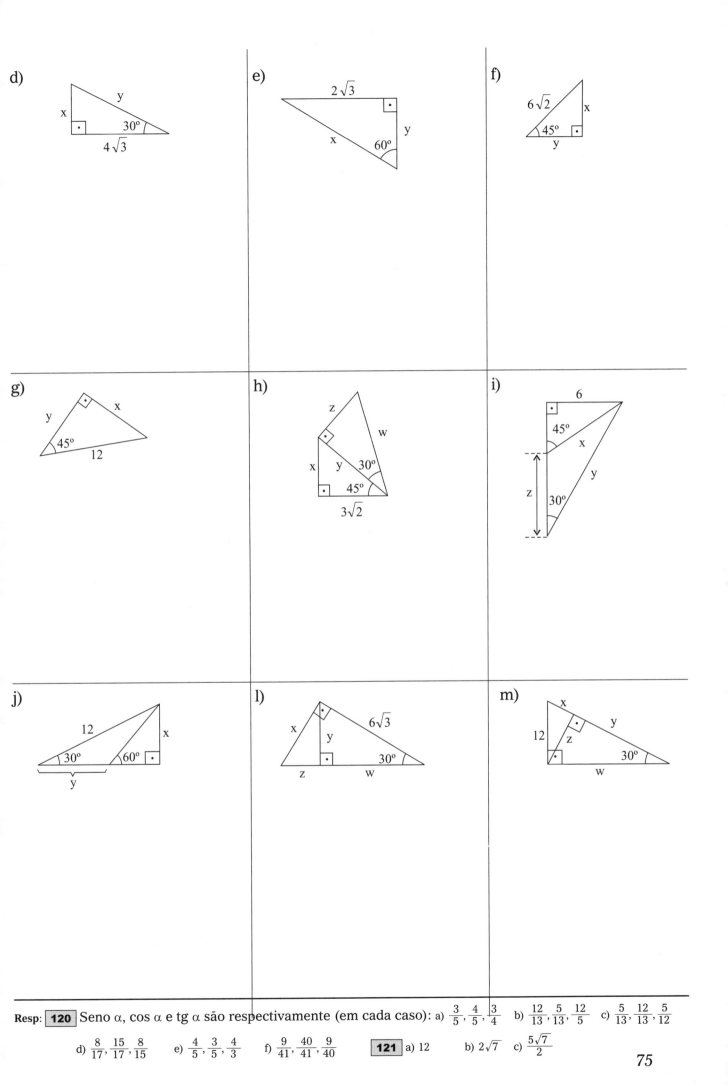

d)

x

y

30°

4√3

e)

2√3

x

y

60°

f)

6√2

x

45°

y

g)

y

x

45°

12

h)

z

w

x   y   30°

45°

3√2

i)

6

45°

x

z   30°

y

j)

12

x

30°   60°

y

l)

x   6√3

y

z   30°

w

m)

x

12   y

z

30°

w

125 Determine as incógnitas nos trapézios abaixo:

a)

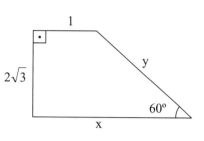

b)

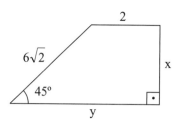

c)

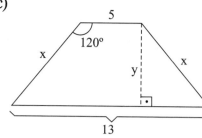

d)

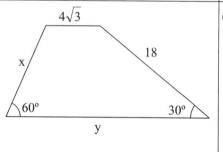

e)

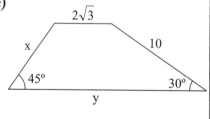

f)

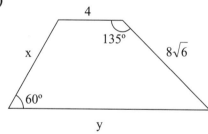

126 Resolver:

a) Um ponto de um lado de um ângulo de 30° dista 20 cm do vértice. Quanto ele dista do outro lado?

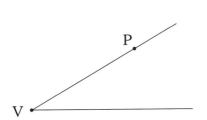

b) Um ponto de um lado de um ângulo de 60° dista 12 cm do outro lado. Quando ela dista da bissetriz deste ângulo?

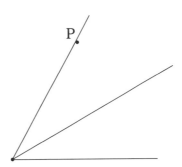

c) Um ponto de um setor angular de 90° dista 6 cm e 14 cm dos seus lados. Quanto ele dista da bissetriz deste setor?

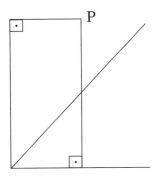

d) Um ponto de um setor angular de 60° dista 3 cm e 12 cm dos seus lados. Quanto ele dista da bissetriz deste setor?

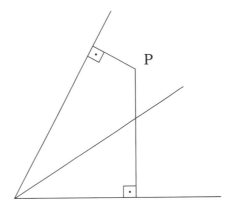

e) Um ponto de um setor angular de 60° dista 6 cm do lado mais próximo dele e $3\sqrt{3}$ cm da bissetriz do setor. Quanto ele dista do outro lado do setor?

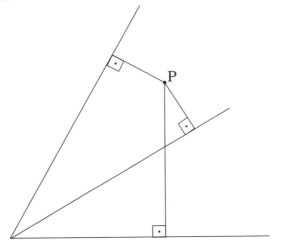

127 Resolver:

a) Um ponto de um setor angular de 45°
   dista $3\sqrt{2}$ cm e 6 cm dos seus lados.
   Quanto ele dista do vértice do setor?

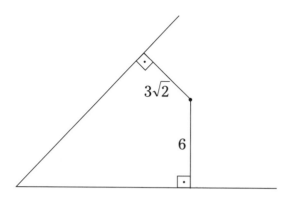

b) Um ponto de um setor angular de 150° dista 13 cm e $8\sqrt{3}$ cm dos lados do ângulo.
   Quanto ela dista do vértice do ângulo?

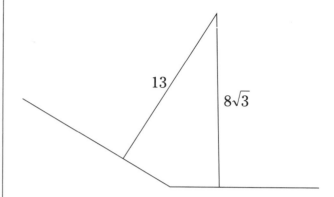

13

$8\sqrt{3}$

e) Um ponto externo de um setor angular
   lar de 45° dista 2 cm e $8\sqrt{2}$ cm dos lados
   do setor. Quanto ele dista do vértice?

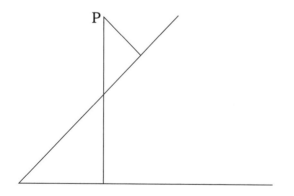

P

d) Um ponto externo de um setor angular de 60°
   dista 6 cm e 24 cm dos lados do setor. Quanto
   ele dista da bissetriz?

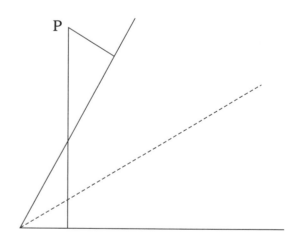

P

V | ÁREAS DE REGIÕES POLIGONAIS

1 – Área de um Retângulo

Definição: a área de um retângulo é igual ao produto de seus lados.

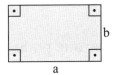

$$A_{ret} = a \cdot b$$

2 – Área de um Quadrado

A área de um quadrado é o produto dos lados.

De fato, como todo quadrado é retângulo, temos

$$A_{qua} = a \cdot a \Rightarrow \boxed{A_{qua} = a^2}$$

3 – Área de um Paralelogramo

A área de um paralelogramo é o produto de uma base pela respectiva altura.

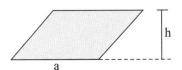

$$A_{par} = ah$$

Demonstração:

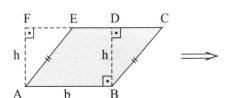

Os triângulos BCD e AEF são congruentes (caso cateto - hipotenusa)

A área do paralelogramo é a mesma de um retângulo que tem lado **b** e **h** . Portanto,

$$A_{par} = bh$$

4 – Área de um Triângulo

A área de um triângulo é o semi-produto da base pela respectiva altura.

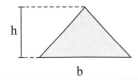

$$A_{tri} = \frac{1}{2} \cdot bh$$

Demonstração:

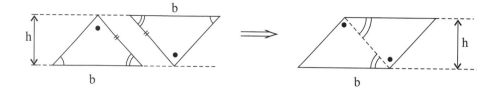

Consideremos dois triângulos congruentes conforme acima. É fácil mostrar que pode-se obter um paralelogramo de mesma base e altura dos triângulos. Logo;

$$A_{tri} = \frac{1}{2} \ A_{par} \ \Rightarrow \ \boxed{A_{tri} = \frac{1}{2} \cdot bh}$$

5 – Área de um Trapézio

A área de um trapézio é o produto da média aritmética das bases pela altura.

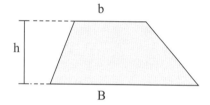

$$A_{tra} = \frac{(B + b)}{2} \cdot h$$

Demonstração:

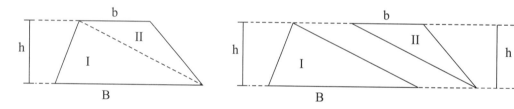

$$A_{tra} = A_I + A_{II} \ \Rightarrow \ A_{trap} = \frac{1}{2}Bh + \frac{1}{2}bh \ \Rightarrow \ \boxed{A_{trap} = \frac{1}{2}(B + b) \cdot h}$$

6 – Área de um Quadrilátero de Diagonais Perpendiculares

A área de um quadrilátero de diagonais perpendiculares é igual ao semi-produto delas.

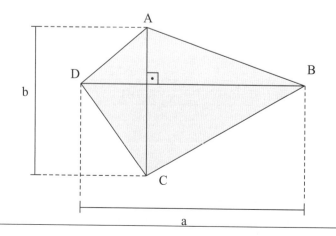

$$A_{ABCD} = \frac{1}{2} \cdot a \cdot b$$

Demonstração:

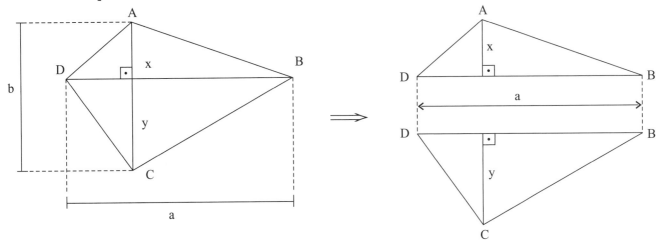

$$A_{ABCD} = A_{ABD} + A_{ABCD} \Rightarrow A_{ABCD} = \frac{1}{2}ax + \frac{1}{2}ay \Rightarrow A_{ABCD} = \frac{1}{2}a(x+y) \Rightarrow \boxed{A_{ABCD} = \frac{1}{2}ab}$$

7 – Área de um Losango

Por ser paralelogramo, o losango pode ter sua área expressa pelo produto de um lado pela altura correspondente. Por ter as diagonais perpendiculares, o losango pode ter sua área calculada pelo semi-produto delas.

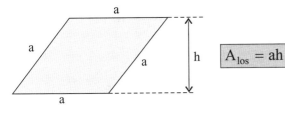 $\boxed{A_{los} = ah}$

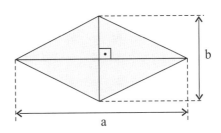 $\boxed{A_{los} = \frac{1}{2}ab}$

8 – Figuras Equivalentes

Definição: duas figuras planas são equivalentes se têm a mesma área.

9 – Triângulos Equivalentes

Como a área de um triângulo é o semi-produto da base pela altura relativa a ela, se dois triângulos têm mesma base e mesma altura, então eles têm mesma área.

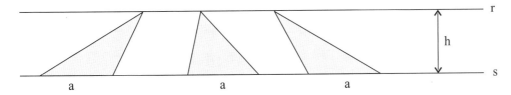

Os triângulos sombreados acima são equivalentes, pois suas áreas são iguais.

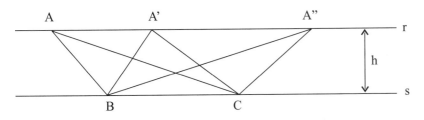

Os triângulos ABC, A'BC e A"BC acima são equivalentes.

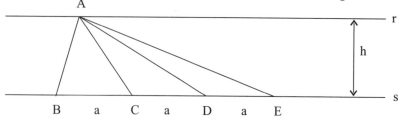

Na figura acima são equivalentes os triângulos ABC, ACD e ADE.
Também são equivalentes os triângulos ABD e ACE.

Se dois triângulos são semelhantes, então a razão entre suas áreas é igual ao quadrado da razão de semelhança.

Demonstração

De fato, sejam os triângulos ABC e PQR, semelhantes .

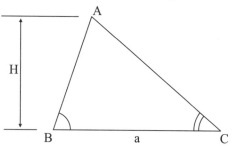
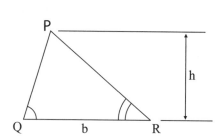

$$\frac{a}{b} = \frac{H}{h} = k$$

Tem-se: $\dfrac{\text{área (ABC)}}{\text{área (PQR)}} = \dfrac{\frac{aH}{2}}{\frac{bh}{2}} = \dfrac{a}{b} \cdot \dfrac{H}{h} = k \cdot k = k^2$

Exemplo 1: Determine a área do polígono (região poligonal), nos casos:

a) Retângulo com um lado de
   8 e diagonal de 10

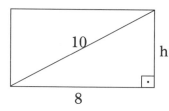

1) $h^2 + 8^2 = 10^2$

   $h^2 = 36$

   $\boxed{h = 6}$

2) $S = 8 \cdot h \Rightarrow S = 8 \cdot 6 \Rightarrow \boxed{S = 48}$

b) Paralelograma (Valores na figura)

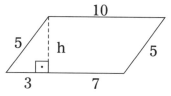

1) $h^2 + 3^2 = 5^2$

   $\boxed{h = 4}$

2) $S = 10 \cdot h$

   $S = 10 \cdot 4 \Rightarrow \boxed{S = 40}$

c) Trapézio retângulo com bases de 6 e 9
   e lado oblíquo 5

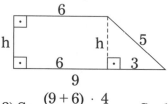

1) $h^2 + 3^2 = 5^2$

   $\boxed{h = 4}$

2) $S = \dfrac{(9+6) \cdot 4}{2} \Rightarrow S = 15 \cdot 2 \Rightarrow \boxed{S = 30}$

d) Losango com 13 de lado e uma diagonal 24

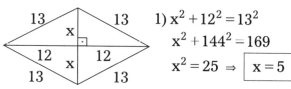

1) $x^2 + 12^2 = 13^2$

   $x^2 + 144^2 = 169$

   $x^2 = 25 \Rightarrow \boxed{x = 5}$

2) $S = \dfrac{2x \cdot 24}{2} \Rightarrow 24 \cdot x \Rightarrow S = 24 \cdot 5 \Rightarrow \boxed{S = 120}$

Exemplo 2: Um triângulo isósceles cuja base mede 12 cm tem 32 cm de perímetro. Determinar a sua área.

Resolução:

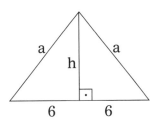

1) $2a + 12 = 32 \Rightarrow a + 6 = 16 \Rightarrow \boxed{a = 10}$

2) $h^2 + 6^2 = a^2 \Rightarrow h^2 + 6^2 = 10^2 \Rightarrow h^2 = 64 \Rightarrow \boxed{h = 8}$

3) $S = \dfrac{12h}{2} \Rightarrow S = 6 \cdot h \Rightarrow S = 6 \cdot 8 \Rightarrow S = 48$

Resposta: 48 cm²

Exemplo 3: A altura relativa à base de um triângulo isósceles mede 3 cm e ele tem 18 cm de perímetro, qual é a sua área?

Resolução:

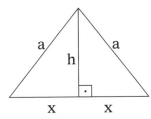

1) $2x + 2a = 18 \Rightarrow x + a = 9 \Rightarrow \boxed{a = 9 - x}$

2) $x^2 + 3^2 = a^2 \Rightarrow x^2 + 9 = (9 - x)^2 \Rightarrow$
   $x^2 + 9 = 81 - 18x + x^2 \Rightarrow 18x = 72 \Rightarrow \boxed{x = 4}$

3) $S = \dfrac{2x \cdot 3}{2} \Rightarrow S = x \cdot 3 \Rightarrow S = 4 \cdot 3 \Rightarrow \boxed{S = 12}$

Resposta: 12 cm²

Exemplo 4: As bases de um trapézio isósceles medem 7 cm e 17 cm e seu perímetro é 50 cm. Determinar a sua área.

Resolução:

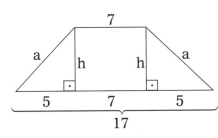

1) $2a + 7 + 17 = 50 \Rightarrow 2a = 26 \Rightarrow \boxed{a = 13}$

2) $h^2 + 5^2 = 13^2 \Rightarrow h^2 + 25 = 169 \Rightarrow h^2 = 144 \Rightarrow \boxed{h = 12}$

3) $S = \dfrac{(17 + 7)\,h}{2} = \dfrac{24 \cdot 12}{2} \Rightarrow \boxed{S = 144}$

Resposta: 144 cm²

Exemplo 5: Um retângulo tem 18 cm de perímetro e diagonal de $3\sqrt{5}$ cm. Determinar a sua área.

Resolução:

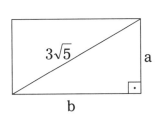

1) $2a + 2b = 18 \Rightarrow a + b = 9 \Rightarrow \boxed{b = 9 - a}$

2) $a^2 + b^2 = (3\sqrt{5})^2 \Rightarrow a^2 + (9 - a)^2 = 45 \Rightarrow$
   $a^2 + 81 - 18a + a^2 = 45 \Rightarrow 2a^2 - 18a + 36 = 0 \Rightarrow$
   $a^2 - 9a + 18 = 0 \Rightarrow (a - 3)(a - 6) = 0 \Rightarrow \boxed{a = 3 \text{ ou } a = 6}$

   $\boxed{a = 3} \Rightarrow b = 9 - 3 \Rightarrow \boxed{b = 6} , \ S = ab = 3 \cdot 6 \Rightarrow \boxed{S = 18}$

   ou $\boxed{a = 6} \Rightarrow b = 9 - 6 \Rightarrow \boxed{b = 3} , \ S = ab = 6 \cdot 3 \Rightarrow \boxed{S = 18}$

Resposta: 18 cm²

Exemplo 6: Os lados de um triângulo medem 7 cm , 8 cm e 9 cm.
Determinar a altura relativa ao lado de 8 cm e a sua área.

Resolução:

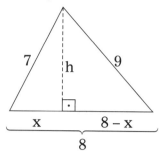

1) $\begin{cases} h^2 + x^2 = 7^2 \\ h^2 + (8-x)^2 = 9^2 \end{cases}$ $\Rightarrow$ $\begin{cases} -h^2 - x^2 = -49 \\ h^2 + 64 - 16x + x^2 = 81 \end{cases}$

$\Rightarrow 64 - 16x = -49 + 81 \Rightarrow -16x = -32 \Rightarrow \boxed{x = 2}$

$h^2 + 2^2 = 7^2 \Rightarrow h^2 = 45 \Rightarrow \boxed{h = 3\sqrt{5}}$

2) $S = \dfrac{8h}{2} \Rightarrow S = 4 \cdot 3\sqrt{5} \Rightarrow \boxed{S = 12\sqrt{5}}$

Resposta: $3\sqrt{5}$ cm e $12\sqrt{5}$ cm^2

Exemplo 7: Sabe-se que os ângulos da base maior de um trapézio são agudos e que suas bases medem 5 cm e 15 cm e os lados oblíquos medem 6 cm e $2\sqrt{14}$ cm. Determinar a sua área.

Resolução:

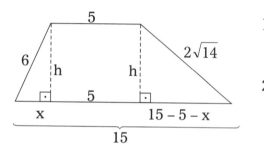

1) A informação sobre os ângulos agudos e a mais; dá para determinar este fato.

2) $\begin{cases} h^2 + x^2 = 6^2 \\ h^2 + (10-x)^2 = (2\sqrt{14})^2 \end{cases}$ $\Rightarrow$ $\begin{cases} -h^2 - x^2 = -36 \\ h^2 + 100 - 20x + x^2 = 56 \end{cases}$

$\Rightarrow 100 - 20x = 20 \Rightarrow 20x = 80 \Rightarrow \boxed{x = 4}$

$h^2 + 4^2 = 6^2 \Rightarrow h^2 = 20 \Rightarrow \boxed{h = 2\sqrt{5}}$

3) $S = \dfrac{(15+5)h}{2} \Rightarrow S = 10h = 10 \cdot 2\sqrt{5} \Rightarrow S = 20\sqrt{5}$

Resposta: $20\sqrt{5}$ cm^2

Exemplo 8: As bases de um trapézio medem 10 cm e 19 cm e os lados oblíquos as bases medem 10 cm e 17 cm. Determinar a sua área.

Resolução:

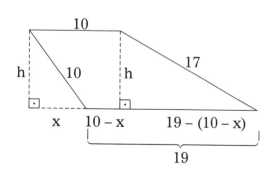

1) Dá para determinar que tem um agudo e um obtuso em cada base.

2) $\begin{cases} h^2 + x^2 = 10^2 \\ h^2 + (9+x)^2 = 17^2 \end{cases}$ $\Rightarrow$ $\begin{cases} -h^2 - x^2 = -100 \\ h^2 + 81 + 18x + x^2 = 289 \end{cases}$

$\Rightarrow 81 + 18x = 189 \Rightarrow 9 + 2x = 21 \Rightarrow \boxed{x = 6}$

$\Rightarrow h^2 + 6^2 = 10^2 \Rightarrow h^2 = 64 \Rightarrow \boxed{h = 8}$

3) $S = \dfrac{(19+10)h}{2} \Rightarrow S = \dfrac{19 \cdot 8}{2} \Rightarrow S = 19 \cdot 4 \Rightarrow \boxed{S = 76}$

Resposta: 76 cm^2

Exemplo 9: Calcule a área do triângulo ABC.

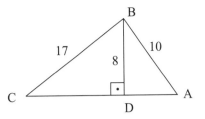

Resolução:

$\triangle ABD: x^2 + 8^2 = 10^2 \Rightarrow x = 6$

$\triangle BCD: y^2 + 8^2 = 17^2 \Rightarrow y = 15$

$A_{\triangle ABC} = \dfrac{(x+y) \cdot 8}{2} \Rightarrow A_{\triangle ABC} = (6+15) \cdot 4 \Rightarrow A_{\triangle ABC} = 84$

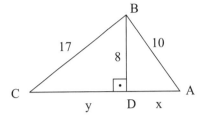

Resposta: 84

Exemplo 10: Determine a área do triângulo ABC.

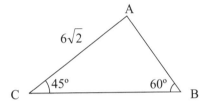

Resolução:

traça-se a altura $\overline{AD}$. Então

$\triangle ACD: \dfrac{x}{6\sqrt{2}} = \operatorname{sen} 45^\circ \Rightarrow \dfrac{x}{6\sqrt{2}} = \dfrac{\sqrt{2}}{2} \Rightarrow x = 6$

$\triangle BCD$ é isósceles $\Rightarrow y = x \Rightarrow y = 6$

$\triangle ABD: \dfrac{x}{z} = \operatorname{tg} 60^\circ \Rightarrow \dfrac{6}{z} = \sqrt{3} \Rightarrow z = 2\sqrt{3}$

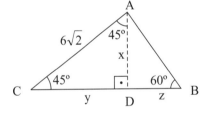

$A_{\triangle ABC} = \dfrac{(y+z)\,x}{2} \Rightarrow A_{\triangle ABC} = \dfrac{(6+2\sqrt{3}) \cdot 6}{2} \Rightarrow \boxed{A_{\triangle ABC} = 6(3+\sqrt{3})}$

Resposta: $6(3+\sqrt{3})$

Exemplo 11: Um losango tem 60 cm de perímetro e a diferença entre as medidas das diagonais é 6. Determinar a sua área.

Resolução:

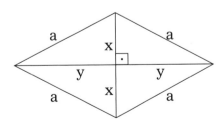

1) $4a = 60 \Rightarrow \boxed{a = 15}$

2) $2y - 2x = 6 \Rightarrow y - x = 3 \;\boxed{y = x + 3}$

3) $x^2 + y^2 = a^2 \Rightarrow x^2 + (x+3)^2 = 15^2 \Rightarrow$

$x^2 + x^2 + 6x + 9 = 225 \Rightarrow 2x^2 + 6x - 216 = 0 \Rightarrow$

$x^2 + 3x - 108 = 0 \Rightarrow (x+12)(x-9) = 0 \Rightarrow \boxed{x = 9}$

$x = 9 = y = 12 \Rightarrow 2x = 18$ e $2y = 24$

4) $S = \dfrac{2x \cdot 2y}{2} = \dfrac{18 \cdot 24}{2} = 9 \cdot 24 \Rightarrow \boxed{S = 216}$

Resposta: 216 cm²

Exemplo 12: Calcule a área dos trapézios abaixo:

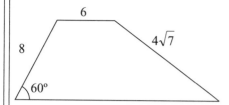

Resolução:

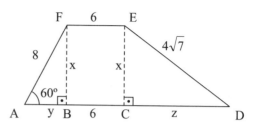

$\triangle ABF$: $\dfrac{x}{8} = \text{sen}60° \Rightarrow \dfrac{x}{8} = \dfrac{\sqrt{3}}{2} \Rightarrow \mathbf{x = 4\sqrt{3}}$

$\dfrac{y}{8} = \cos 60° \Rightarrow \dfrac{y}{8} = \dfrac{1}{2} \Rightarrow \mathbf{y = 4}$

$\triangle CDE$: $z^2 + x^2 = (4\sqrt{7})^2 \Rightarrow z^2 + (4\sqrt{3})^2 = (4\sqrt{7})^2 \Rightarrow \mathbf{z = 8}$

$A_{trap} = \dfrac{(y + 6 + z + 6)\cdot x}{2} \Rightarrow A_{trap} = \dfrac{(4 + 6 + 8 + 6)\cdot 4\sqrt{3}}{2} \Rightarrow \boxed{A_{trap} = 48\sqrt{3}}$

Resposta: $48\sqrt{3}$

Exemplo 13: Calcule a área dos trapézios abaixo:

a)

b)
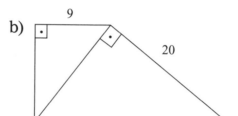

Resolução:

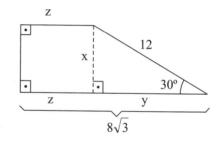

a) $\dfrac{x}{12} = \text{sen}30° \Rightarrow \dfrac{x}{12} = \dfrac{1}{2} \Rightarrow \mathbf{x = 6}$

$\dfrac{y}{12} = \cos 30° \Rightarrow \dfrac{y}{12} = \dfrac{\sqrt{3}}{2} \Rightarrow \mathbf{y = 6\sqrt{3}}$

$z + y = 8\sqrt{3} \Rightarrow z + 6\sqrt{3} = 8\sqrt{3} \Rightarrow \mathbf{z = 2\sqrt{3}}$

$A_{trap} = \dfrac{(8\sqrt{3} + z)\cdot x}{2} \Rightarrow A_{trap} = \dfrac{(8\sqrt{3} + 2\sqrt{3})\cdot 6}{2} \Rightarrow \boxed{A_{trap} = 30\sqrt{3}}$

b) Relação métrica no $\triangle ABC$

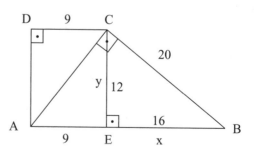

1) $20^2 = x(x + 9) \Rightarrow x^2 + 9x - 400 = 0$

$(x - 16)(x + 25) = 0 \Rightarrow \mathbf{x = 16}$

2) $y^2 = 9\cdot x \Rightarrow y^2 = 9\cdot 16 \Rightarrow y = 3\cdot 4 \quad \mathbf{y = 12}$

3) $A_{trap} = \dfrac{(25 + 9)\cdot 12}{2} \Rightarrow \boxed{A_{trap} = 204}$

Resposta: 204

Exemplo 14: Calcule a área do losango ABCD abaixo:

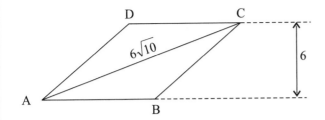

Resolução:

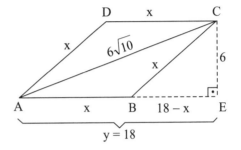

1) $\triangle ACE$: $y^2 + 6^2 = (6\sqrt{10})^2 \Rightarrow \mathbf{y = 18}$

2) $\triangle BCE$: $(18 - x)^2 + 6^2 = x^2$

$$324 - 36 + x^2 + 36 = x^2$$

$$36x = 360 \Rightarrow x = 10$$

3) $A_{los} = $ (base) (altura)

$$A_{los} = x \cdot 6 \Rightarrow A_{los} = 10 \cdot 6 \Rightarrow \boxed{A_{los} = 60}$$

Resposta: 60

Exemplo 15: A altura relativa à hipotenusa de um triângulo retângulo mede 12 cm e a soma das medidas dos catetos é 35 cm. Determinar a área deste triângulo.

Resolução:

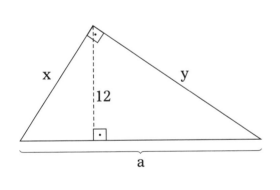

1) $\begin{cases} x + y = 35 \\ a12 = xy \\ x^2 + y^2 = a^2 \end{cases}$ $\begin{cases} xy = 12a \\ x^2 + y^2 = a^2 \end{cases}$

$$x + y = 35 \Rightarrow (x + y)^2 = 35 \cdot 35 \Rightarrow$$

$$x^2 + 2xy + y^2 = 35 \cdot 35 \Rightarrow$$

$$x^2 + y^2 + 2xy = 35 \cdot 35 \Rightarrow$$

$$(x^2 + y^2) + 2(xy) - 35 \cdot 35 = 0 \Rightarrow a^2 + 2(12a) - 35 \cdot 35 = 0$$

$$\Rightarrow a^2 + 24a - 5 \cdot 7 \cdot 5 \cdot 7 = 0 \Rightarrow a^2 + 24a - 25 \cdot 49 = 0 \Rightarrow$$

$$\Rightarrow (a + 49)(a - 25) = 0 \Rightarrow \boxed{a = 25}$$

2) $S = \dfrac{a \cdot 12}{2} \Rightarrow S = a \cdot 6 \Rightarrow S = 25 \cdot 6 \Rightarrow \boxed{S = 150}$

Resposta: 150 cm²

128 Determine a área dos triângulos ABC abaixo (o metro – m – é a unidade das medidas indicadas).

a)

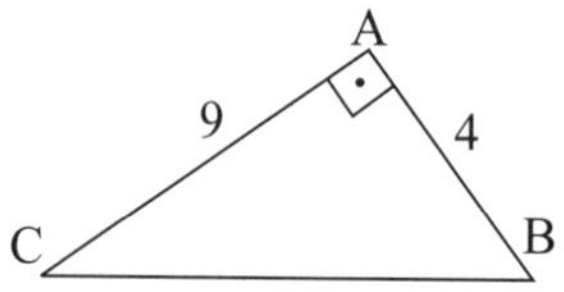

b)

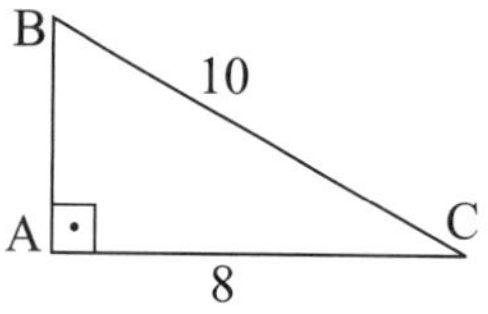

c)

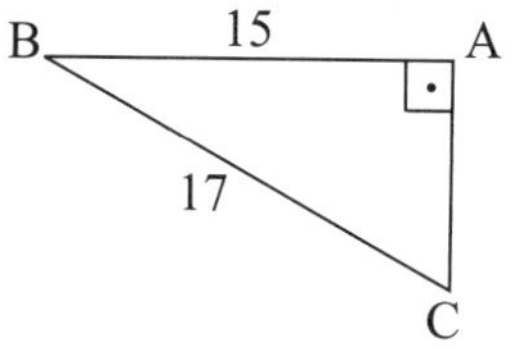

d)

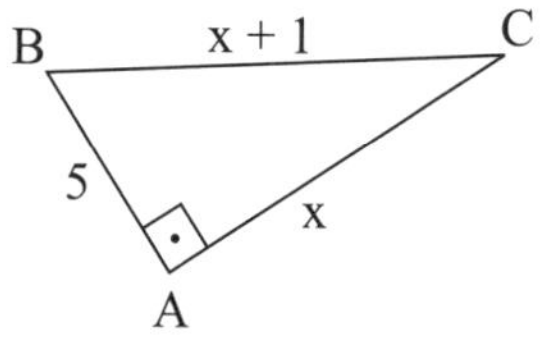

e)

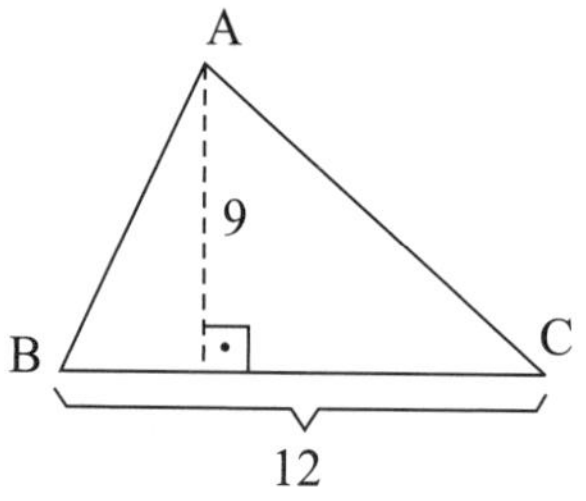

f)

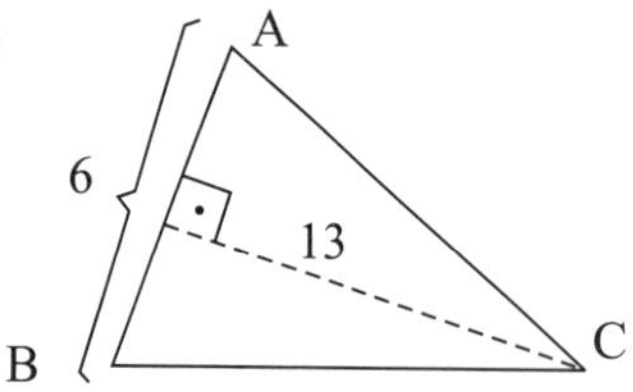

g)

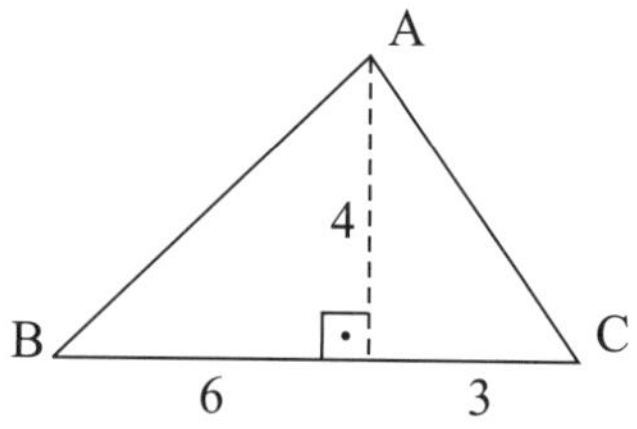

h)

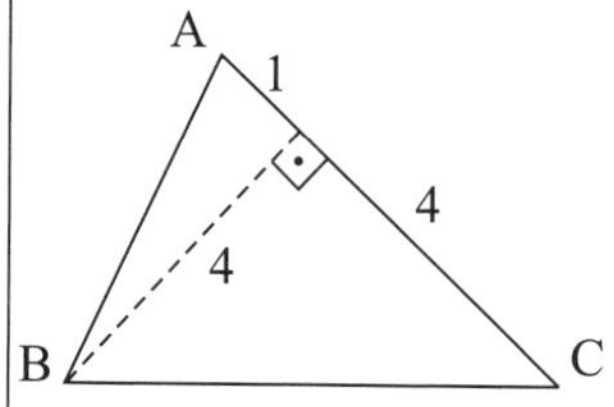

i)

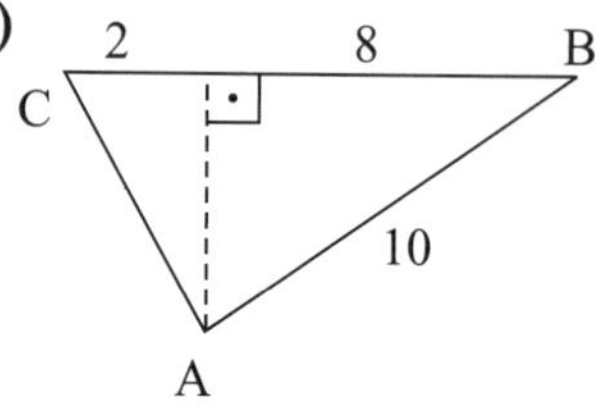

j)

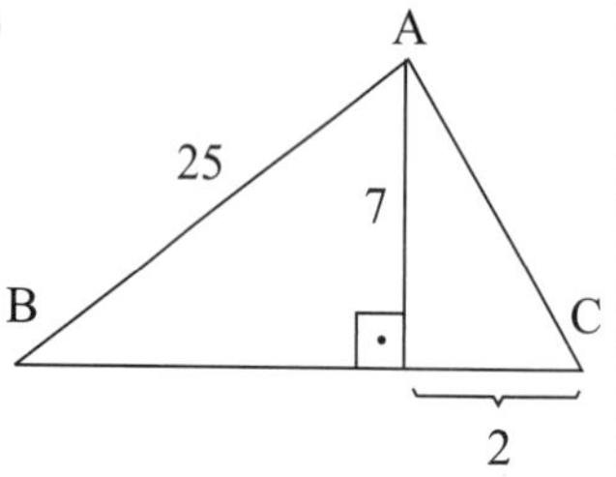

l)

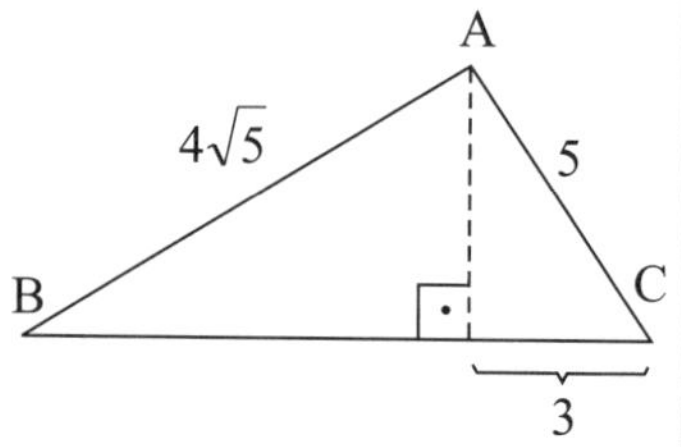

m)

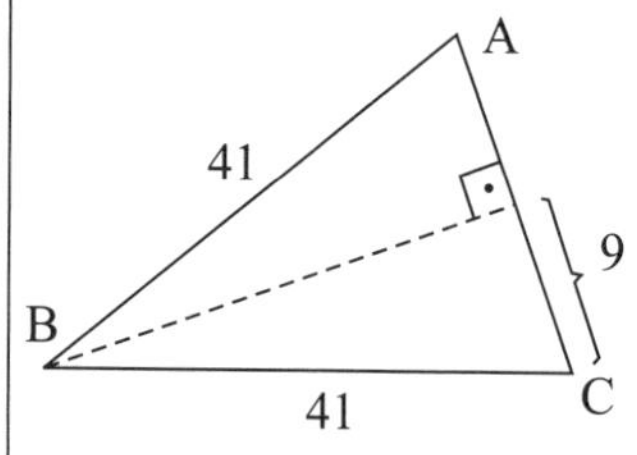

129 Determine a área dos triângulos ABC abaixo (unidade das medidas é o metro).

a)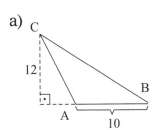

b)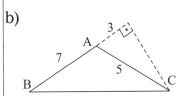

c)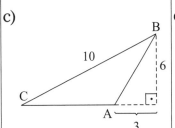

d)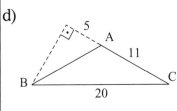

e)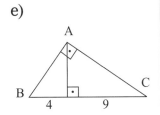

f)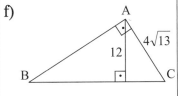

g)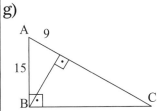

h)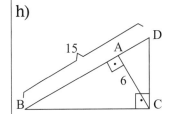

i)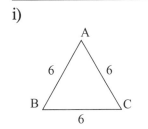

j) Dado: AB = AC = BC

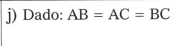
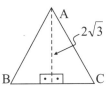

l) Dado: AB = AC

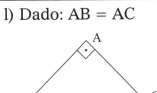

m)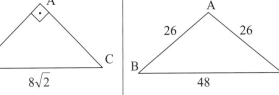

130 Determine a área dos quadriláteros abaixo (a unidade das medidas indicadas é o metro).

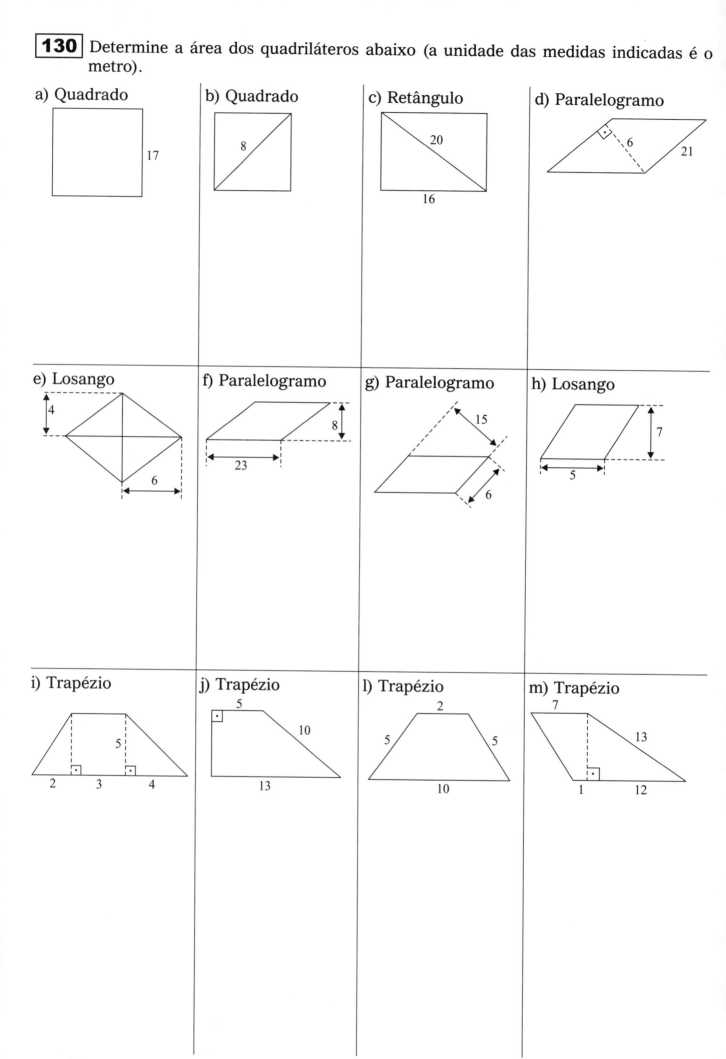

a) Quadrado

17

b) Quadrado

8

c) Retângulo

20

16

d) Paralelogramo

6

21

e) Losango

4

6

f) Paralelogramo

8

23

g) Paralelogramo

15

6

h) Losango

7

5

i) Trapézio

5

2   3   4

j) Trapézio

5

10

13

l) Trapézio

2

5   5

10

m) Trapézio

7

13

1   12

131 A área do polígono é dada em cada caso abaixo. Determine x.

a) Quadrado (64 m²)

x

b) Quadrado (18 m²)

x

c) Paralelogramo (15 m²)

$x + 1$

$x + 3$

d) Retângulo (24 m²)

$x - 1$

$x + 1$

e) Losango (40 m²)

x $x + 1$

f) Trapézio (48 m²)

$x - 6$

$x - 4$

$x + 2$

g) Triângulo (60 m²)

$2x$

$2x + 2$

h) Trapézio (18 m²)

$x - 1$

x

$2x + 4$

i) Retângulo (40 m²)

x

x

1

2 2

j) Triângulo ABC (9 m²) e quadrado

A

1

B

C

x $x + 1$ $x + 2$

l) Paralelogramo (30 m²)

$2x$

$x + 2$

m) Losang $(18\sqrt{3}$ m²$)$

x

$120°$

132 Determine a área dos trapézios abaixo (unidade das medidas é o metro).

a)

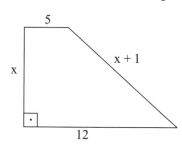

b) Perímetro = 54 m

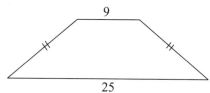

c)

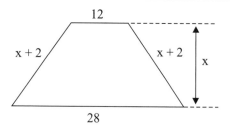

d)

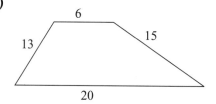

e)

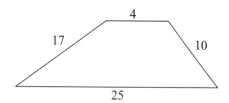

f)

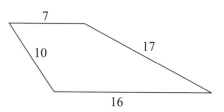

133 Determine a área dos polígonos abaixo, sendo o metro a unidade das medidas indicadas.

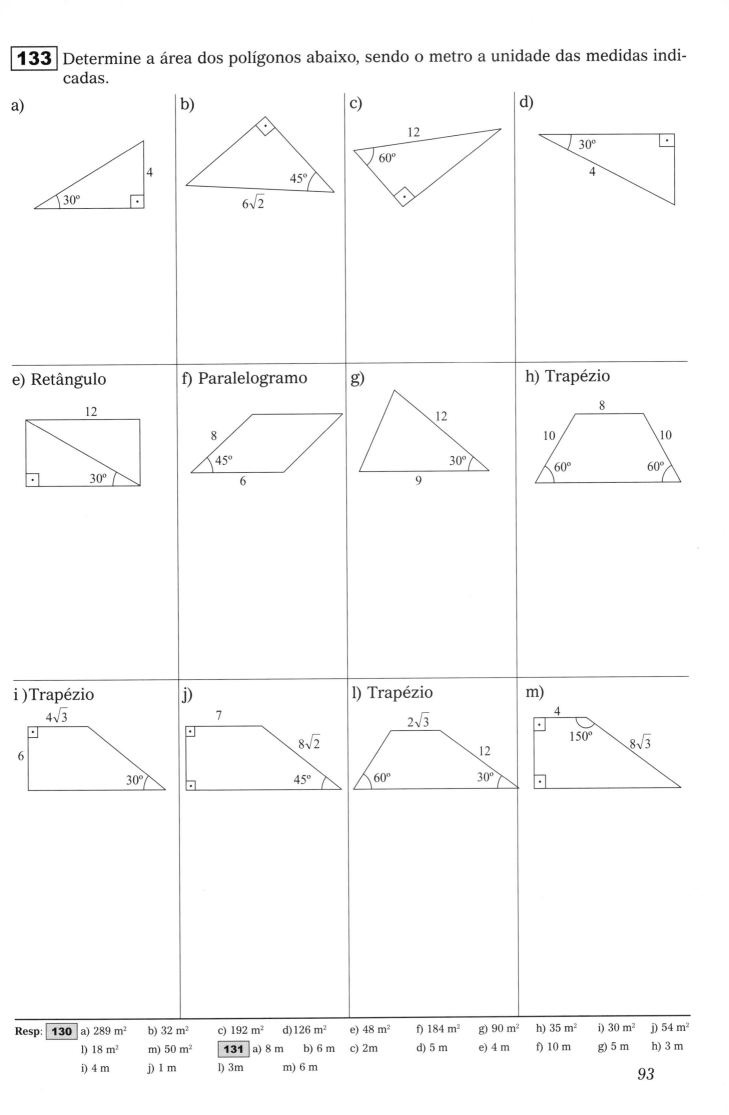

a)

b)

c)

d)

e) Retângulo

f) Paralelogramo

g)

h) Trapézio

i)Trapézio

j)

l) Trapézio

m)

134 Determine a área do trapézio abaixo.

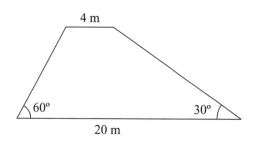

135 Nas figuras abaixo temos um triângulo ABC e um trapézio PQRS, de áreas respectivamente iguais a 27 m² e 108 m². Determine o valor de x em cada caso.

a)

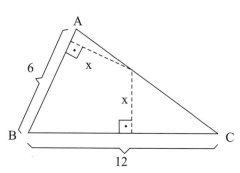

b)

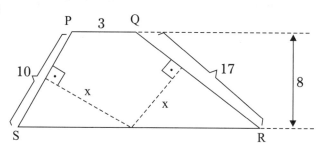

136 Determine a área dos quadriláteros abaixo, sendo o metro a unidade das medidas indicadas.

a)

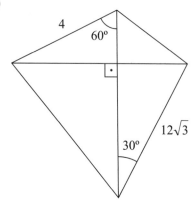

b)

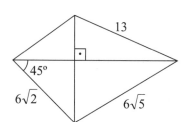

137 Determine a área dos quadriláteros abaixo.

a)

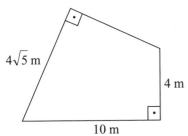

b)

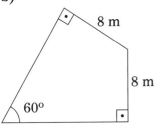

c) O perímetro do quadrilátero é 32 m.

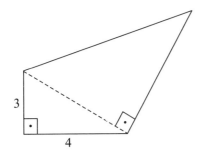

d)

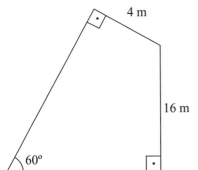

138 A área dos triângulos ABC é dada em cada caso e os pontos sobre os lados os dividem em partes iguais. Determine a área das regiões sombreadas.

a) 96 m²

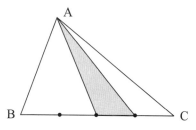

b) 110 m²

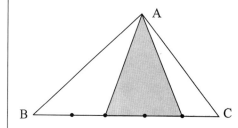

c) 96 m²

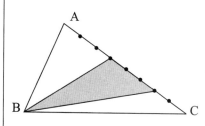

d) 18 m²

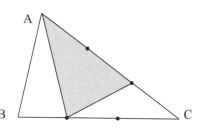

e) 20 m²

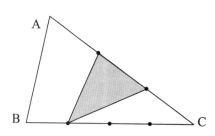

f) 42 m²

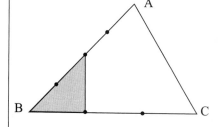

g) 30 m²

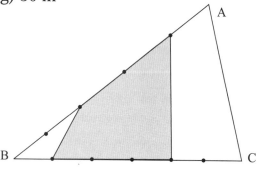

139 Mostre que a altura h de um triângulo equilátero de lado a é
dada por h = $\dfrac{a\sqrt{3}}{2}$

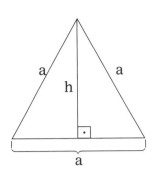

---

140 Determinar a área do triângulo equilátero, nos casos:

a) O lado mede 10 cm

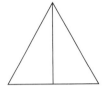

b) O lado mede $2\sqrt{6}$ cm

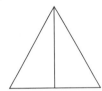

c) A altura mede $4\sqrt{3}$ cm

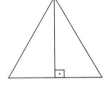

d) A altura mede 12 cm

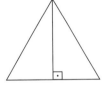

e) A altura mede $5\sqrt{6}$ cm

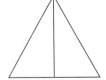

f) A altura mede $6\sqrt{15}$ cm

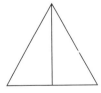

---

141 Mostre que a área A de um triângulo equilátero de lado **a** é dada por $A = \dfrac{a^2 \sqrt{3}}{4}$

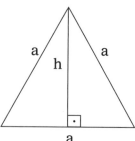

142 Determinar a área do triângulo equilátero, dado o lado, nos casos:

a) 6 cm

b) 20 cm

c) 18 cm

d) $6\sqrt{3}$ cm

e) $10\sqrt{6}$ cm

f) $2\sqrt{15}$ cm

143 Determinar o lado do triângulo equilátero dada a sua área, nos casos:

a) $A = 16\sqrt{3}$ cm^2

b) $A = 10\sqrt{3}$ cm^2

c) $A = 225\sqrt{3}$ cm^2

d) $A = 108\sqrt{3}$ cm^2

144 Se a diferença entre o lado e a altura de um triângulo equilátero é de 3 cm, qual é a sua área?

145 Sendo 5 cm a diferença entre a diagonal e o lado de um quadrado, qual é a sua área.

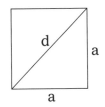

146 Se aumentarmos a diagonal de um quadrado em 4 cm, a sua área aumenta 32 cm². Quando mede o lado deste quadrado?

 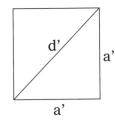

Resp: **138** a) 24 m²   b) 44 m²   c) 36 m²   d) 8 m²   e) 5 m²   f) 7 m²   g) 14 m²   **140** a) $25\sqrt{3}$ cm²
b) $6\sqrt{3}$ cm²   c) $16\sqrt{3}$ cm²   d) $48\sqrt{3}$ cm²   e) $50\sqrt{3}$ cm²   f) $180\sqrt{3}$ cm²

99

147 Se aumentarmos a altura de um triângulo equilátero em 3 cm, a sua área aumenta $21\sqrt{3}$ cm^2, quando mede o seu lado?

148 Se aumentarmos o lado de um quadrado em 3 cm, a sua área aumenta 51 cm^2. Qual é a área deste quadrado?

149 Se aumentarmos o lado de um triângulo equilátero em 6 cm, a sua área aumenta $33\sqrt{3}$ cm^2. Qual a área deste triângulo?

150 Os lados de dois quadrados medem 6 cm e 8 cm. Quanto deve medir o lado de um terceiro quadrado para que sua área seja a soma das áreas dos dois primeiros?

151 Os lados de dois triângulos equiláteros medem 6 cm e 8 cm. Quanto deve medir o lado de um terceiro triângulo equilátero para que a sua área seja a soma das áreas dos dois primeiros?

152 A altura relativa à base de um triângulo isósceles mede 4 cm. Se ele tem 16 cm de perímetro, qual é a sua área.

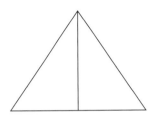

153 A base menor de um trapézio isósceles de $2\sqrt{3}$ cm de altura mede 6 cm. Se este trapézio tem 24 cm de perímetro, qual é a sua área?

154 A diagonal de um retângulo mede $2\sqrt{29}$ cm. Se o seu perímetro é de 28 cm, qual é a sua área?

---

155 Um trapézio retângulo com bases de 2 cm e 14 cm tem 34 cm de perímetro. Determinar a sua área.

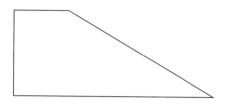

156 Determinar a área do triângulo ABC sabendo que AC e AD são diâmetros das circunferências, 0 é centro da maior, OB = 6 cm e CD = 16 cm.

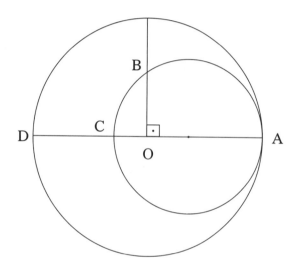

157 As bases de um trapézio retângulo são perpendiculares e medem 4 cm e 9 cm. Determinar a sua área.

158 (Unesp 2018) A figura indica um trapézio no plano cartesiano.

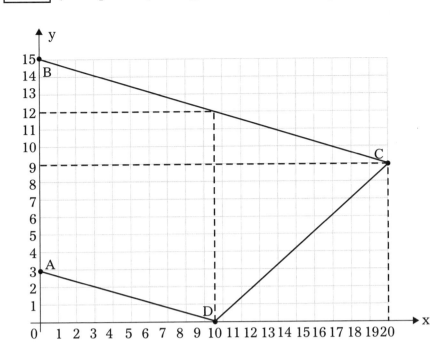

A área desse trapézio, na unidade quadrada definida pelos eixos coordenados, é igual a

a) 160.

b) 175.

c) 180.

d) 170.

e) 155.

---

159 (Uece 2019) Se as medidas dos comprimentos dos lados de um triângulo são respectivamente 4 m, 6 m e 8 m, então, a medida da área desse triângulo, em m² é

a) $5\sqrt{6}$.

b) $3\sqrt{15}$.

c) $6\sqrt{5}$.

d) $4\sqrt{15}$.

---

160 (Enem PPL 2018) Uma pessoa possui um terreno em forma de um pentágono, como ilustrado na figura.

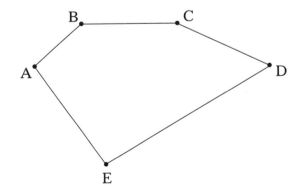

Sabe-se que a diagonal AD mede 50m e é paralela ao lado BC, que mede 29 m. A distância do ponto B a AD é de 8m e a distância do ponto E a AD é de 20 m.

A área, em metro quadrado, deste terreno é igual a

a) 658.   b) 700.   c) 816.

d) 1 132.   e) 1 632.

Resp: | **147** $6\sqrt{3}$ cm | **148** 49 cm² | **149** $16\sqrt{3}$ cm² | **150** 10 cm | **151** 10 cm | **152** 12 cm²

153 $16\sqrt{3}$ cm²   **154** 40 cm²

161 (G1 - IFPE 2018) Os alunos do curso de Agricultura do campus Vitória de Santo Antão dispõem de um terreno em forma de trapézio para construir uma horta de orgânicos. As bases do trapézio medem 10 m e 35 m. Já os lados não paralelos medem 15 m e 20 m. Qual a área total do terreno desta horta?

a) 120 m².   b) 150 m².   c) 210 m².   d) 270 m².   e) 540 m².

162 (UERJ – 2018) O retângulo PQRS é formado por seis quadrados cujos lados medem 2 cm. O triângulo ABC em seu interior, possui os vértices definidos pela interseção das diagonais de três desses quadrados, conforme ilustra a figura.

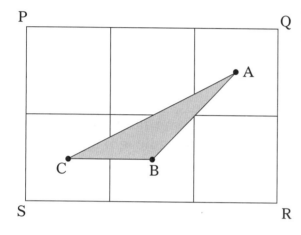

Determine a área do triângulo ABC tomando como unidade a área de um quadrado de lado igual a 2 cm.

163 (UFRGS – 2019) Considere o quadrado ABCD da figura a seguir, em que G é o ponto médio de $\overline{CD}$, F é o ponto médio de $\overline{AC}$ e $\overline{AE} = \overline{EF} = \dfrac{\overline{AC}}{4}$.

A razão entre a área do quadrilátero EFGD e a área do quadrado ABCD é

a) $\dfrac{1}{4}$.

b) $\dfrac{1}{2}$.

c) $\dfrac{1}{3}$.

d) $\dfrac{2}{3}$.

e) 1.

164 (Unicamp 2020) A figura abaixo exibe o triângulo ABC em que AB = BC e $\overline{AD}$ é uma altura de comprimento h. A área do triângulo ABC é igual a

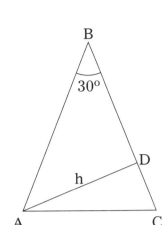

a) h^2.

b) $\sqrt{2}\,h^2$.

c) $\sqrt{3}\,h^2$.

d) $2h^2$.

165 (ESPCEX (Aman) 2019) Considere uma circunferência de centro O e raio 1 cm tangente a uma reta r no ponto Q. A medida do ângulo MÔQ é 30° onde M é um ponto da circunferência. Sendo P o ponto da reta r tal que PM é paralelo a OQ, a área (em cm^2) do trapézio OMPQ é

a) $\frac{1}{2} - \frac{\sqrt{3}}{8}$.

b) $2 - \frac{\sqrt{3}}{2}$.

c) $1 + \frac{\sqrt{3}}{2}$.

d) $2 - \frac{\sqrt{3}}{8}$.

e) $\frac{\sqrt{3}}{2}$.

166 (G1 – CMRJ 2019) A figura a seguir é composta por duas retas $\overline{AB}$ e $\overline{AC}$ e três quadrados com um dos seus lados sobre a reta $\overline{AC}$ e um de seus vértices sobre a reta $\overline{AB}$.

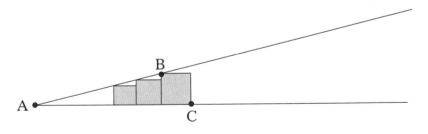

Se as áreas dos quadrados menor e maior são iguais, respectivamente, a 36 cm^2 e 64 cm^2, então a área do quadrado intermediário é igual a

a) 45 cm^2

b) 45,5 cm^2

c) 48 cm^2

d) 48, 5 cm^2

e) 49 cm^2

167 (ESPCEX (Aman) 2020) Um trapézio ABCD retângulo em A e D possui suas diagonais perpendiculares. Sabendo-se que os lados AB e CD medem, respectivamente, 2 cm e 18 cm, então a área, em cm², desse trapézio mede

a) 120.   b) 60.   c) 180.   d) 30.   e) 240.

168 (Famema 2020) O triângulo ABC é isósceles com AB = AC = 4 cm e o triângulo DBC é isósceles com DB = DC = 2 cm, conforme a figura.

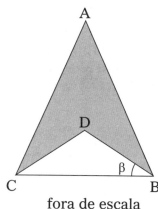

fora de escala

Seja β a medida do ângulo interno DB̂C do triângulo DBC. Sabendo-se que sen$(\beta) = \dfrac{\sqrt{6}}{4}$, a área, em cm², do quadrilátero ABDC é

a) $\sqrt{35}$

b) 6

c) 4

d) $\sqrt{5}$

e) $\sqrt{15}$

169 (Famema 2018) Considere o quadrado ABCD, de lado 4 cm, e o retângulo EFGH com EF = 2 cm, CF = 1 cm e os pontos B, G, C e F alinhados, conforme mostra a figura.

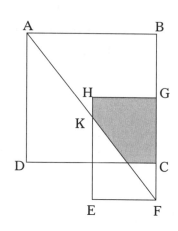

fora de escala

Sabendo que G é ponto médio do lado $\overline{BC}$, que o ponto K pertence ao lado $\overline{HE}$ e que os pontos A, K e F estão alinhados, a área do quadrilátero FGHK é

a) 3,5 cm².

b) 4,0 cm².

c) 4,5 cm².

d) 3,0 cm².

e) 2,5 cm².

170 Determine a área do quadrado PQRS.

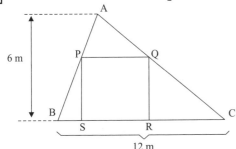

171 Determine as medidas dos lados de um retângulo de perímetro 30 m e área 36 m².

172 A base de um retângulo excede a altura em 4 m. Determine a medida da base, se a área do retângulo é 192 m².

173 A diagonal de um retângulo excede em 1 m a medida da base. Determine a área do retângulo, se a altura do mesmo vale 9 m.

174 Determine a área de um triângulo isósceles de perímetro 36 m e base 16 m.

175 Determine o perímetro de um triângulo isósceles, sabendo que sua base mede 14 m e sua área mede 168 m².

176 Determine a área de um trapézio isósceles de perímetro 138 m, base maior 60 m e base menor 20 m.

177 Determine a área de um trapézio retângulo de bases de 36 m e 12 m e lado oblíquo de 26 m.

178 Determine a área de um losango ABCD, sabendo que AB = BD = 10 m.

179 Determine a área de um retângulo de perímetro 20 m e diagonal $2\sqrt{13}$ m.

180 A base menor e a altura de um trapézio retângulo medem 3 m e 9 m, respectivamente. Determine a área do trapézio, sabendo que o lado oblíquo e a base maior têm medidas iguais.

181 A base menor e a altura de um trapézio retângulo medem 10 m, cada uma. Determine a área desse trapézio, sabendo que o lado oblíquo tem medida igual a da diagonal menor do trapézio.

182 Determine a área de um losango de perímetro 60 m e diagonal menor de 18 m.

183 A mediana relativa à hipotenusa de um triângulo retângulo mede 6 m e forma ângulo de 120° com a hipotenusa. Determine a área do triângulo.

184 A mediana relativa à hipotenusa de um triângulo retângulo tem medida igual a de um de seus catetos, que mede 8 m. Determine a área do triângulo.

185 A altura e a diagonal de um trapézio isósceles medem 21 m e 29 m, respectivamente. Determine a área desse trapézio.

186 Os perímetros de dois triângulos T_1 e T_2, semelhantes são 20 m e 30 m, respectivamente. Se a área de T_1 é 36 m², quanto vale a área de T_2?

187 As hipotenusas de dois triângulos retângulos semelhantes medem 16 m e 12 m. Quanto deve medir a hipotenusa de um terceiro triângulo semelhante aos outros dois, para que sua área seja igual à soma das áreas dos dois primeiros?

188 Da figura abaixo temos: $\overline{AD}//\overline{CE}$, $\overline{BC}//\overline{DF}$, área do $\triangle PCD = 4\,m^2$ e área de $\triangle PEF = 36\,m^2$. Determine a área do trapézio ABCD.

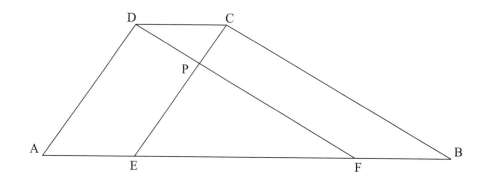